MARCO POLO

Gardasee

Reisen mit **Insider Tipps**

Diesen Reiseführer schrieb Barbara Schaefer.
Die Reisejournalistin fährt seit vielen
Jahren zum Wandern, Schlemmen und
Weintrinken an den Gardasee.

www.marcopolo.de
Infos zu den beliebtesten Reisezielen
im Internet, siehe auch Seite 106

SYMBOLE

 MARCO POLO INSIDER-TIPPS:
Von unserer Autorin für Sie entdeckt

★ **MARCO POLO HIGHLIGHTS:**
Alles, was Sie am Gardasee kennen sollten

 HIER HABEN SIE EINE SCHÖNE AUSSICHT

WO SIE JUNGE LEUTE TREFFEN

PREISKATEGORIEN

Hotels		Restaurants	
€€€	über 100 Euro	€€€	über 30 Euro
€€	60–100 Euro	€€	20–30 Euro
€	bis 60 Euro	€	bis 20 Euro

Die Preise gelten für zwei Personen im Doppelzimmer mit Frühstück in der Zwischensaison.

Die Preise gelten pro Person für ein Menü mit Vorspeise, Hauptgericht sowie einem Getränk.

KARTEN

[116 A1] Seitenzahlen und Koordinaten für den Reiseatlas Gardasee

[0] außerhalb des Kartenausschnitts

Karten von Bardolino, Riva, Salò und Sirmione finden Sie im hinteren Umschlag.

Zu Ihrer Orientierung sind auch die Orte mit Koordinaten versehen, die nicht im Reiseatlas eingetragen sind.

GUT ZU WISSEN

Europa Unita am Gardasee **11** · Winde **16** · Spezialitäten am Gardasee **20**
Riviera Card **49** · Insubrisches Klima **85** · Ferienlektüre **104**

INHALT

DIE BESTEN MARCO POLO INSIDER-TIPPS — vorderer Umschlag

DIE WICHTIGSTEN MARCO POLO HIGHLIGHTS — 4

AUFTAKT — 7
Entdecken Sie den Gardasee!

Geschichtstabelle — 8

STICHWORTE — 15
Von Alpenveilchen bis Zugvögel

ESSEN & TRINKEN — 19
Schmackhaftes aus drei Regionen

EINKAUFEN — 23
Pasta und Parmesan, Schuhe und Sportartikel

FESTE, EVENTS UND MEHR — 24

NORDUFER — 27
Surferspot und Bikertreff

OSTUFER — 45
Altstadtgassen und Vergnügungsparks

SÜDUFER — 65
Römische Ruinen, Shoppingstraßen, Nightlife

WESTUFER — 75
Die geruhsame Ecke des Sees

AUSFLÜGE & TOUREN — 89
Nachbarseen, Flusstäler und eine Stippvisite in Trient

SPORT & AKTIVITÄTEN — 95
Abenteuerspielplatz für Erwachsene

MIT KINDERN REISEN — 99
Kinder erwünscht!

ANGESAGT! — 102

PRAKTISCHE HINWEISE — 103
Von Anreise bis Zoll

SPRACHFÜHRER — 109

REISEATLAS GARDASEE — 113
KARTENLEGENDE REISEATLAS — 115
MARCO POLO PROGRAMM — 125
REGISTER — 126
IMPRESSUM — 127

BLOSS NICHT! — 128

Die wichtigsten
MARCO POLO Highlights

Sehenswürdigkeiten, Orte und Erlebnisse, die Sie nicht verpassen sollten

 Schauderterrassen
Kaffee mit Aussicht: Für den Cappuccino auf diesen Restaurantterrassen sollten Sie schwindelfrei sein (Seite 30)

 Funivia Monte Baldo
Der Blick aus den Kabinen der Panoramaseilbahn und vom 2000 m hohen Gipfel ist umwerfend (Seite 35)

 Spiaggia Sabbioni
Der Strand in Riva ist so groß, dass er sogar im August kaum überlaufen ist (Seite 38)

 Cascata del Varone
Ein schöner Nachmittagsausflug führt zu dem Wasserfall – ein eindrucksvolles Naturschauspiel (Seite 39)

 Piazza Principe Amedeo
Auch aus den kleineren Nachbarorten strömt das Volk abends herbei, um auf Bardolinos Hauptplatz zu flanieren (Seite 46)

 Punta San Vigilio
Das edelste Eckchen des Sees liegt bei Garda; zum Luxushotel gehört auch eine Bar am Privathafen mit nicht so horrenden Preisen (Seite 54)

 Arena
Auch wer sonst nicht in Opern geht: Das Freiluftspektakel in Verona sollten Sie sich einmal ansehen (Seite 58)

Autofrei: Uferpromenade in Salò

Zinnenbewehrt: Wasserburg Sirmione

 Grotte di Catullo
In den römischen Ausgrabungen von Sirmione lässt es sich auch herrlich spazieren gehen (Seite 70)

 Scaligerkastell
Vom zinnenbewehrten Turm der Wasserburg in Sirmione schauen Sie über die Dächer der Altstadt (Seite 70)

 Lido delle Bionde
Wahrlich nicht nur Blondinen – »le bionde« – fühlen sich an diesem hübschen Strand in Sirmione wohl (Seite 73)

 Vittoriale degli Italiani
Park, Mausoleum und Wohnhaus des Dichters D'Annunzio: ein skurriles Kuriositätenkabinett (Seite 77)

 Sant'Andrea Apostolo
Die wunderschöne romanische Kirche in Maderno bezeugt, dass die Anwohner des Sees schon früh Sinn für Kunst hatten (Seite 79)

Vittoriale: ein Kuriositätenkabinett

 Parco Fontanella
An diesem großen Strand in Gargnano am Westufer herrscht Freibadatmosphäre (Seite 83)

 Uferpromenade
Die Ruhe genießen – Salò besitzt eine der wenigen autofreien Uferpromenaden am See (Seite 83)

 Markt
Am Südufer in Salò schlägt samstags ein großer Wochenmarkt seine Stände auf (Seite 85)

 Die Highlights sind in der Karte auf dem hinteren Umschlag eingetragen

AUFTAKT

Entdecken Sie den Gardasee!

Abenteuerspielplatz für die Fun-Generation oder Ruheoase für Müßiggänger? Der Gardasee ist beides zugleich

So könnte es zum Beispiel geschehen: Eher unwillig folgen Sie der Einladung eines Freundes oder einer Freundin zu einem Kurzurlaub an den Gardasee. Sie haben viel von diesem italienischen See gehört, und manches war nicht sehr schmeichelhaft. Überfüllt soll es dort sein, recht touristisch zugehen. Doch dann sitzen Sie beim Cappuccino am Altstadtplatz in Desenzano oder in einem Café an der Seepromenade von Salò, Sie blicken auf die spiegelnde Wasserfläche, und Ihnen rutscht der Satz heraus: »Doch. Schön hier.« Wundern Sie sich nicht, das geht fast jedem so: Dem Charme des Gardasees zu erliegen ist keine Schande!

Schon die Lage des Sees ist spektakulär: Das schmale Nordende ragt noch in die Alpen, das weite Südende schon fast in die Poebene. Der Gardasee liegt auf nur 65 m über dem Meeresspiegel, die Gipfel des Monte Baldo ragen mehr als 2000 m über den See heraus. (Können Sie sich vorstellen, was für einen Blick man von dort oben hat?!) Die Länge des größten italienischen Sees

Saftig und süß: frutta fresca

beträgt 51 km, an seiner breitesten Stelle misst er 17 km, an seiner tiefsten Stelle ist er 346 m tief.

Es gibt wohl nicht viele Seen, die so viele unterschiedliche Gesichter und damit für so viele verschiedene Ansprüche das passende Urlaubsangebot haben. Wer Ruhe sucht und bei der Lektüre der Zeitung oder eines Buches nicht viel mehr hören möchte als das klack, klack von Segelbespannungen im Wind und dazu ein tiefes dong, dong beim Aneinanderstoßen von Booten, der ist in Gargnano gut aufgehoben: In der Mitte des Westufers wohnt die Ruhe. Noble Hotels haben an diesem Uferabschnitt Tradition. Ende des 19. Jhs. erkannte der Deutsche Louis Wimmer den Reiz des Gardasees und baute das

Umgeben von steilen Kalkwänden liegt Torbole am Nordzipfel des Sees

Geschichtstabelle

Ab 2000 v. Chr. Das Gardaseegebiet wird von Kelten, Rätiern und Venetern besiedelt

191 v. Chr. Oberitalien wird Teil des Römischen Reichs

15 v. Chr. Die Römer treten am See auf und nennen ihn Benacus

452 n. Chr. Truppen des Hunnenkönigs Attila verwüsten Verona

568–774 Die Langobarden herrschen in Oberitalien

9./10. Jh. Karolingische Kaiser und Könige sowie einheimische Fürsten kämpfen um die Macht in Oberitalien

1260–1387 Die Familie der Scaliger herrscht in und um Verona. Zur Sicherung ihrer Machtposition bauen sie am Gardasee zahlreiche Burgen und Befestigungen

1387–1405 Die Mailänder Familie Visconti gewinnt die Herrschaft über das Gardaseegebiet

1405–1797 Die Venezianer übernehmen die Herrschaft über das Ostufer

1796/97 Napoleon erobert die Lombardei und Venetien

1797 Das westliche Gardaseeufer fällt an Napoleons Cisalpine Republik, Österreich bekommt das Ostufer und Verona

1814/15 Nach dem Sturz Napoleons spricht der Wiener Kongress die Lombardei und Venetien Österreich zu

1821–1861 Zeit des Risorgimento, der Bewegung für ein einiges Italien. 1861 wird Italien ein souveräner Staat; blutige Schlachten südlich des Gardasees. 1866 kommen die Lombardei und Venetien zum Königreich Italien

1919 Nach dem Ersten Weltkrieg kommen im Frieden von Saint Germain Südtirol und Trentino zu Italien, der Gardasee ist nun rein italienisch

1943–45 Republik von Salò: Der faschistische Diktator Mussolini zieht sich an den See zurück. Erbitterte Kämpfe zwischen Partisanen und Faschisten

1946 Italien wird durch eine Volksabstimmung Republik, der König geht ins Exil

1962 Die Seilbahn auf den Monte Baldo wird eröffnet

2001 Zwischen Riva und Limone wird ein neuer Tunnel gebaut

2004 Die westliche Gardesana wird im Sommer für LKW gesperrt, was den Verkehr stark entlastet. Im November erschüttert ein Erdbeben die Gegend um Salò und Gardone, beträchtliche Schäden an einigen Häusern

AUFTAKT

erste Grandhotel in Gardone, weitere folgten. Ein etwas altväterischer, gediegener Tourismus ist bis heute dort zu Hause. Das ist nicht negativ zu verstehen, denn was ist auszusetzen daran, unter riesigen, alten Magnolienbäumen durch Parks hinunter zum See zu spazieren, um dort ein Gläschen oder ein Tässchen zu sich zu nehmen?

Während ruheliebende Urlauber eher das Westufer ansteuern werden, fühlt sich in Bardolino und Garda wohl, wer abends lange unter Menschen sein möchte. In den Gassen der Altstädte ist es dann fast voller als tagsüber, und bis Mitternacht sieht man sogar kleine, blonde Kinder noch mit einer Eistüte in der Hand. Hier dürfen sie mal *bambini* sein und so lange aufbleiben wie die italienischen Kinder scheinbar andauernd. Junge Erwachsene werden das Südufer anlaufen, wenn sie auf richtiges Nightlife stehen. In der Umgebung von Desenzano locken einige der größten Diskotheken Italiens.

Wer es im Urlaub sportlich liebt, wird in den Norden fahren; das dortige Ufer scheint manchmal ein einziger großer Abenteuerspielplatz zu sein. In den steilen Tälern und wilden Bächen des Trentino haben das Kajakfahren sowie Schwimmen, Surfen, Segeln Tradition. Nun ist noch das Rafting hinzugekommen. Wem all das nicht reicht, versucht es vielleicht gar mit Canyoning. In Neoprenanzüge verpackt und mit Helm und Schwimmweste versehen, stürzen sich Abenteuersportler in Schluchten hinab – unter professioneller Leitung, hoffentlich. Sogar das Tauchen hat Saison am See: Mit Glück – oder einem Führer – stößt man auf versunkene Galeeren aus der Zeit der

» *In der Mitte des Westufers wohnt die Ruhe* «

Uferpromenade in Garda: Sonne und Seebrise, Cappuccino und Campari

Ein Ausblick, der den Atem raubt: Madonna di Montecastello in Tignale

venezianischen Herrschaft; außerdem kann in 15 m Tiefe in der Nähe von Riva die Statue Cristo Silente bestaunt werden. Auch im Gemeindegebiet von Brenzone wartet eine Unterwasserstatue auf Besucher: Unlängst wurde eine 3 m große Madonnenfigur in den See versenkt.

Mountainbiker und Wanderer durchkämmen die Berghänge; wo sie nicht mehr weiterkommen, hängen Sportkletterer an senkrechten Wänden, zum Teil sogar direkt über dem See. An Sommerwochenenden veranstalten die Fremdenverkehrsämter der Olivenriviera Ausflüge und geführte Touren auf den Monte Baldo, an manchen Wochenenden auch in deutscher Sprache. Es gibt botanische Ausflüge, Touren zu kirchlichen Festen und Vollmondwanderungen. Und auf dem See ficht die Armada der Surfer ihre Kämpfe gegen den oder mit dem Wind, vom Ufer aus lässt sich das nicht immer so einfach unterscheiden. Die steilen Berge wirken wie eine Düse, durch die die Winde regelmäßig pusten.

Dass der Gardasee so viele Möglichkeiten zu körperlicher Betätigung bietet, hat noch einen weiteren Vorteil: Man kann abends riesige Mengen von Pasta vertilgen, schließlich hat man einige Kalorien abgearbeitet. Das ist ein Glück, denn am Gardasee isst man vorzüglich (wenn man allzu touristische Lokale, oft direkt am Hafen gelegen, meidet). Sei es ein aufwändiges Menü in einem der Feinschmeckerlokale in Salò oder schlicht eine Gardaseeforelle vom Grill. Auch wenn die Touristenscharen am Gardasee nicht weniger werden – die Küche wird besser. Mag sein, dass sich wieder mehr Köche und Köchinnen auf ihre Wurzeln, also die Gerichte der *mamma,* besinnen. Sicher ist aber auch, dass die Nachfrage das Angebot verändert hat. Immer mehr deutschsprachige Urlauber verlangen eine genuine Küche, alte Gardaseerezepte und frische Zutaten. So jedenfalls erzählen es viele Köche, die, man traut seinen Ohren kaum, am liebsten für deutsche Gäste kochen. Die würden sich mehr Zeit nehmen fürs Essen, ist zu hören.

Ähnliches gilt für den Wein: Kauften Urlauber vor 20 Jahren noch große, billige Korbflaschen, wird nun nach Qualität gefragt. Viele sind bereit, lieber etwas mehr zu investie-

» *Am Südufer locken einige der größten Diskotheken Italiens* «

AUFTAKT

ren und dafür einen feinen Tropfen zu trinken (oder mit nach Hause zu bringen), anstatt ein paar Euro zu sparen und dafür das Geld für Kopfschmerztabletten ausgeben zu müssen. So erfreut sich die Strada del Vino im Hinterland von Bardolino großer Beliebtheit. Man fährt durch schöne Weinhügel, kehrt in Kellereien ein, verkostet, lässt sich beraten, lernt den Winzer kennen und so ein Stück echte Weinbaukultur des Gardasees.

Auch am anderen Ufer, von Gargnano in Richtung Norden, ist noch zu sehen, wie am Gardasee Geld verdient wurde, bevor die Touristen kamen: In *limonaie* wurden Zitronen gehegt. Meistens reichten die kargen Einkünfte aus Landwirtschaft oder Fischerei nicht aus, die Familie zu ernähren. Im 19. Jh. wanderten viele Bewohner der Gardaseeorte aus, versuchten ihr Glück in Amerika. Noch in den Fünfzigerjahren des 20. Jhs. zogen die Menschen fort, um anderswo Arbeit zu finden, allerdings nicht mehr ganz so weit: Manch einer kam als Gastarbeiter nach Deutschland. Vor Beginn des Tourismus war das Gardaseegebiet ein armer Landstrich, das Leben war einfach und hart. In den Kastanien- und Pinienwäldern oberhalb von Gargnano gingen die Männer der archaischen Arbeit des Köhlens nach. Wie weltliche Einsiedler zogen sie wochenlang in die Wälder, fällten Bäume, schnitten Holz, türmten es zu komplizierten Stößen auf, in denen es langsam zu Kohle verglimmte. Dann schleppten sie es hinunter an den See, auf dem Rücken oder dem Schlitten, im Dialekt *barisöla*. Diese wurden an Seilsystemen langsam die steilen Hänge hinabgelassen. Manchmal sieht man noch, an alten gepflasterten Wegen überm See, seltsam gewundene, verrostete Eisenstangen. Hier wurden die Bremsseile eingehängt. Derweilen arbeiteten die Frauen vom frühen Morgen bis in die Nacht auf handtuchschmalen Feldern. Bis heute wachsen im Wald Maulbeerbäume aus den Vorkriegsjahren – die Zucht von Seidenrau-

> *Das Nordufer gleicht einem großen Abenteuerspielplatz*

Europa Unita am Gardasee

Doch jede Nation hat ihren bevorzugten Uferabschnitt

Der Gardasee kann sich über Besuchermangel nicht beklagen. Unüberhörbar: Die Deutschen stellen mit knapp 60 Prozent den weitaus größten Anteil der Ausländer, 40 Prozent aller Urlauber am Gardasee – Italiener eingeschlossen – sind Deutsche. Sie reisen bevorzugt an das Nord- und das Ostufer von Riva bis Peschiera, die Holländer lieben das West- und das Ostufer, die Engländer wiederum den Abschnitt von Salò bis Riva, und die Italiener fahren am liebsten in die Gegend um Gardone und Salò.

pen war ein weiteres Zubrot der Bauern.

Sogar die Erde wurde zu Geld gemacht, um das karge Leben aufzubessern. *Spulvrina,* noch ein Dialektwort, ist ein Pulver, ein Mineral, das sich in Löchern im Boden sammelte. Es wurde zum Polieren von Essbesteck verwendet. Viel Besteck hatten sie nicht in den Bauernhäusern, also trugen die Menschen von den Bergen die *spulvrina* hinunter nach Gargnano, verkauften die Putzerde in kleinen Kartons.

Künstler zog es schon immer an den Gardasee, vor allem Schriftsteller. Um die Wende zum 20. Jh. zog das k. u. k. Städtchen Riva manche Geistesgröße an; Friedrich Nietzsche und Thomas Mann zählten zu den Gästen, Franz Kafka war 1917 in Riva.

Vielleicht hielten schon die früheren illustren Gäste nach Kunstschätzen Ausschau – wie auch heutige Besucher. Die romanischen Kirchen Bardolinos, San Zeno und San Severo, sind wahre Kleinode; Sant'Andrea in Maderno am gegenüberliegenden Ufer steht ihnen in nichts nach. Weitere Kunstwerke findet man bei Kurzausflügen, sei es bei einem Besuch Trentos mit dem reizenden Domplatz oder auf einer Tour zur römischen Arena von Verona. Reste und Ruinen römischer Besiedlung finden sich allerdings auch am Gardasee zuhauf. Am bekanntesten sind die so genannten Grotten des Catull in Sirmione.

Doch man muss gar nicht speziell Kunstwerke und Sehenswürdigkeiten ansteuern, um die Atmosphäre der Gardaseeorte zu genießen. Erstaunlich gut erhalten sind die Ortskerne, fast nie verschandelt von Neubauten. Für riesige Hotelklötze gibt es am oft schmalen Uferrand einfach nicht genügend Platz, zum Glück. So schlendert man in den Altstadtgassen durch traditionsreiche Baustruktur, kann an manchen Hauswänden ein Fresko entdecken, das typisch italienische Braunrot der Hauswände färbt sich vor allem im Abendlicht in warme Töne. Und vor allem von oben, zum Beispiel von der Burg von Malcesine oder von Desenzano betrachtet, fällt eine andere Schönheit auf: herrliche Dachlandschaften, gebrannte Ziegel in unterschiedlichen Schattierungen, ineinander geschachtelt und wie gewachsen.

Das Leben am See ist heute praktisch durchweg vom Tourismus bestimmt. Denn nicht nur die direkt vom Urlauberstrom Betroffenen wie Hoteliers und Restaurantbesitzer verdienen an den Fremden, sondern natürlich auch der Obstverkäufer mit seinem Marktstand, der Handwerker, der Ferienwohnungen umbaut, der Gardaseefischer, der Trattorien beliefert, der Trentiner Almbauer, der seinen Käse anbietet, und sogar der einsame Trüffelsucher, der am Monte Baldo frühmorgens mit seinem Hund an abgelegene, geheime Plätze zieht.

Rückzugsmöglichkeiten vor den in der Hauptsaison anrollenden Fremden gibt es für die Einheimischen dennoch. In Sportclubs treffen sich die jüngeren Leute, bei der Jagd die älteren Männer, und wo abends aus geöffneten Fenstern der Fernseher zu hören ist, sitzt be-

> *Erstaunlich gut erhalten sind die Ortskerne*

AUFTAKT

stimmt die Familie beim Abendessen. Doch trotz der starken Konzentration auf den Tourismus müssen Sie nicht befürchten, als Urlauber nur abgezockt zu werden. Erstaunlich freundlich bekommt man in den Tourismusbüros die immer gleichen Fragen nach Busfahrplänen, Bademöglichkeiten und Bikecentern beantwortet; in manchen Hotels wird man begrüßt, als käme man schon seit Jahren in dieses Haus, und abends im Restaurant kann es durchaus sein, dass die Bedienung ein italienisches Lied trällert. Und wenn Sie doch mal an einen mürrischen Kellner geraten: Geduld. Es hat ja jeder ein Recht darauf, mal schlechte Laune zu haben. Nur bei denen, die tagein, tagaus mit Besuchern zusammenarbeiten, bekommt man es halt mal zu spüren. Dann können Sie sich immer noch selbst mit Gelassenheit wappnen.

> *Für Hotelklötze gibt es einfach nicht genügend Platz*

Haben Sie Ihren Cappuccino ausgetrunken? Dann spazieren Sie doch etwas am Seeufer entlang. Wellen plätschern an die Hafenmauer, Kinder balancieren auf der Kaimauer, ihnen schmilzt das Eis aus der Tüte über die Hand. Surfer legen sich im Wasser lang, auf dem Monte Baldo blitzt vielleicht noch etwas Schnee, Oleanderblüten prangen in grellem Rosa, Magnolienbäume werfen ihre Seerosenblüten ab, Kamelien verlocken mit tomatengroßen, schweren Blüten zum Naseheineinversenken. Langsam macht sich die Sonne davon. Nach dem Abendessen werden Sie zurückkehren an den See, denn hier enden alle Wege. Schlendern Sie hinaus auf die Mole, setzen Sie sich an einen Laternenpfahl, und sehen Sie dem Himmel zu, wie er errötet. Und sagen Sie den Satz ruhig noch einmal: »Doch. Schön hier.«

Nur durch eine schmale Landzunge ist Sirmione mit dem Südufer verbunden

STICHWORTE

Von Alpenveilchen bis Zugvögel

Notizen zur Natur und zum Wind, zu Sprache und Politik

Apolipoprotein-A-1-Mailand-Gen
In Limone wachsen nicht nur schöne Zitronen, hier gibt es auch ein medizinisches Phänomen: das Apolipoprotein-A-1-Mailand-Gen. Dieses Protein beugt Arterienverkalkung und Herzinfarkt vor. Doch das Protein, das zufällig bei einem Einwohner von Limone entdeckt wurde, wurde nur im Blut einer Familie festgestellt – es wird seit Generationen weitervererbt. Die Medizin ist damit beschäftigt, einen Impfstoff gegen Arteriosklerose zu erforschen, einer amerikanischen Firma ist es unlängst gelungen, das Apolipoprotein synthetisch herzustellen.

Fauna
Wasservögel mögen den See nicht besonders, zu wenig Uferraum wurde ihnen zum Brüten und Verstecken gelassen, einige Möwen- und Entenarten flattern aber umher. Viele Zugvögel ziehen dagegen hier durch, was eine interessante Mischung von nordafrikanischen und nordeuropäischen Vögeln ergibt. Im Parco Alto Garda hat sich ein Goldadlerpärchen eingenistet, und auch Auerhähne sind dort zu beobachten. Ein echter Spezialist muss man sein, um die herrlichen Schmetterlinge auseinander halten zu können. 959 verschiedene Sorten wurden am See gezählt! Aber auch wer ihre Namen nicht kennt, wird sich an den bunten Faltern erfreuen können, wenn sie auf Lavendelbüschen sanft im Wind schaukeln. Urtümliche Lebewesen wie Feuersalamander und Smaragdeidechsen wird man vor allem beim Wandern entdecken – und vereinzelt auch die giftige Aspisviper und die Kreuzotter, festes Schuhwerk sei also angeraten! Sogar der Luchs ist zurückgekehrt an den Gardasee. Natürlich streift diese Wildkatze nicht nachts durch die Gassen von Limone, aber in den Bergen oberhalb, im Parco Alto Garda, wurde das scheue Wildtier gesichtet.

Flora
Die Nutzpflanzen bestimmen die Aura des Sees. Am nordwestlichen Ufer stehen die erwähnten, heute leider aufgegebenen Zitronenhaine, im Osten und im Süden wechseln sich sanfte Weinhügel mit Olivenhainen ab. Ein Dorado für Botani-

Auf den Monte Baldo – den »Garten Europas« – führt eine Panoramaseilbahn, deren Gondeln sich um die eigene Achse drehen

ker ist der Monte Baldo, der auch Garten Europas genannt wird. Da sein Gipfelkamm während der Eiszeiten über die Gletscher hinausragte, konnten sich Pflanzen erhalten, die es sonst nirgends mehr gibt, so etwa die endemische Anemone baldensis. Etwas tiefer, im Schatten großer Steineichen und Buchen, wachsen wilde Alpenveilchen. Im Parco Alto Garda, der Hochebene von Tremosine also, findet man die einzige Insekten fressende Spezies des Gebiets, die Pinguicula alpina. Auch rare Feuerlilien und die Orchideenart Frauenschuh wachsen hier. Am Seeufer selbst spaziert man in mediterraner Blütenpracht. In Maderno reihen sich am Ufer Oleanderbäume auf, Mimosen und Kamelien wachsen in den parkähnlichen Gärten von Gardone, Magnolien beschatten die Uferstraße von Desenzano, und an der schönen Promenade von Salò sitzen Sie sogar unter Palmen. Ganz zu schweigen von den Rosen, die rund um den See an Spalieren die Hauswände emporklettern und ihre Blütenkelche dem Spaziergänger zuneigen.

Friedenspfad

Das Gebiet um den Gardasee war immer wieder Schauplatz erbitterter Kämpfe, nicht nur zu Zeiten der Scaligerherrschaft: Im Ersten Weltkrieg verlief durch das Trentino die Front zwischen Italien und Österreich. Auf über 350 km folgt ihr heute der *Sentiero della Pace,* gekennzeichnet mit einer weißen Taube. Im Norden des Gardasees streift er das Gebiet, zum Beispiel am Monte Brione. Für die gesamte Wanderstrecke braucht man etwa 30 Tage.

Politik

»Lega Nord«: An vielen Hauswänden und Mauern in Norditalien findet man diesen Schriftzug. Die dem rechten Lager zuzurechnende Partei des Populisten Umberto Bossi geht auch rund um den Gardasee auf Stimmenfang. Die Lega verlangt die Loslösung vom armen Süden Italiens und setzt sich auch sonst nicht gerade für die Schwachen in der Gesellschaft ein. Nachdem Anfang der Neunzigerjahre die traditionellen Parteien Italiens, die Democrazia Cristiana und die Sozialis-

Winde

Das Gardasee-Einmaleins der Surfer

Eine Spezialität sind die Winde des Gardasees, die regelmäßig über den See blasen. Der *sover* ist eine *tramontana,* ein Nordwind, der frühmorgens fortgeschrittene Surfer im Norden des Sees hinauslockt. Gegen Mittag setzt die *ora* ein. Sie bläst in der Gegenrichtung, von Südost nach Nordwest. Zu diesen Hauptwinden kommen unzählige Luftströmungen, die von den Bergen herab über den See blasen. Nicht nur zur Freude der Surfer – auch die Strandfaulenzer sind froh darüber, denn so wird es selten stickig heiß.

STICHWORTE

Workout im Wasser: Die Wellnesswelle hat die Vergnügungsparks erreicht

ten, mit ihren Parteiführern bis zum Hals im Korruptionssumpf versanken, konnte die Lega hohe Stimmanteile verzeichnen. Seit 2001 ist sie als Koalitionspartner von Ministerpräsident Silvio Berlusconi an der Regierung beteiligt.

Sprache

Keine Frage: Auch ohne ein Wort Italienisch kommen deutschsprachige Urlauber am Gardasee zurecht und bekommen ihr gewünschtes Abendessen. Auch holländische Besucher müssen sich nicht unbedingt mit Italienisch abmühen, viele Kellner sprechen auch diese Sprache inzwischen – ganz zu schweigen von den vielen ausländischen Gastarbeitern am See: Bayern als Surflehrer, Engländer als Discjockeys, Holländerinnen als Barmädchen. Auch die Gardaseedialekte – unterschiedlich je nach Region – werden noch von vielen jungen Leuten gepflegt. Vielleicht kann man zuletzt nur noch in der Sprache eine Heimat finden, wenn die Gassen und Orte jahrein, jahraus von Fremden bevölkert sind.

Vergnügungsparks

Italiener lieben sie: riesige Ferienparks, wie sie in der Umgebung von Peschiera zu finden sind. Doch in den letzten Jahren gab es Kritik, vor allem nach dem Tod von zwei Delphinen in Gardaland. Während die Direktion von einem natürlichen Tod spricht, beschuldigte ein Dresseur, der den Park unter Protest verlassen hatte, die Leitung, die Tiere zu großem Stress und zu vielen Vorführungen auszusetzen. Giulio Cordara, Präsident des Animal and Nature Conservation Fund, beklagte, in der ganzen Welt würden Delphinarien und Parks wie dieser geschlossen, nur in Italien gebe es darüber keine Diskussion.

ESSEN & TRINKEN

Schmackhaftes aus drei Regionen

Kräftige Rote begleiten Deftiges aus den Alpen, frische Weiße die Fische aus dem See

Wer Pizza für ein typisch italienisches Gericht hält, kommt am Gardasee auf seine Kosten – auch wenn er sich dabei irrt. Eine typisch italienische Küche im eigentlichen Sinn gibt es nicht: Die italienische Küche ist eine Küche der Regionen, und das macht sich auch am Gardasee bemerkbar. Vorausgesetzt, Sie bestellen nicht immer nur Pizza oder Wiener Schnitzel (aber auch dafür muss man sich nicht schämen, das panierte Kalbfleisch wird auch in Italien gerne gegessen, nur dass es hier *cotoletta milanese* heißt).

Die Gardaseeküche hingegen sieht anders aus. Der See hat drei Anrainerregionen, im Norden das Trentino, am Ostufer Venetien und im Westen die Lombardei. Wenn Sie in guten Lokalen essen, können Sie die Unterschiede der jeweiligen Küche verkosten. Gemeinsam ist der Küche aller drei Regionen, dass rund um den See Seefisch auf der Karte angeboten wird – ob er tatsächlich immer aus dem Gardasee stammt, ist Glaubenssache.

Das elegante Salò am Westufer bietet zahlreiche Gelegenheiten, sich vom Einkaufsbummel bei einem Cappuccino zu erholen

Das Trentino bietet die deftigste Küche, schließlich ist es eine Alpenregion; manche Gerichte sind für Sommerabende am See fast zu schwer. Wer würde bei großer Hitze Speck- oder Käseknödel essen wollen? Das erinnert höchstens daran, dass man auch einmal im Winter an den Gardasee fahren könnte – dann ist alles anders, alles ruhiger, und man kann bei frösteln machenden Winden eine schwere, warme Mahlzeit durchaus genießen. Weiterer Pluspunkt eines Winteraufenthaltes: Im Dezember wird an den Hängen des Monte Baldo die Trüffel *(tartufo)* geerntet, eine Köstlichkeit! Natürlich gibt es auch Pasta in allen Variationen, gerne gegessen werden z. B. *tajadele co' i fonghi*, Tagliatelle mit Pilzen, vornehmlich mit Pfifferlingen. Auch wenn Reis weiter aus dem Süden kommt, aus der Poebene, gibt es im Norden des Sees häufig Risotto; vor allem mit Steinpilzen *(porcini)* wird er hier zubereitet. Als Beilage unverzichtbar ist Polenta, ein recht mächtiger Brei aus Maisgrieß. Diese kräftige Küche verlangt nach ebensolchen Weinen. Zwei vorzügliche, ausschließlich im Trentino gekelterte Rotweine sind Teroldego und Marzemino.

Spezialitäten am Gardasee

Lassen Sie sich diese Köstlichkeiten gut schmecken!

Piatti (Speisen)

alborelle – kleine, frittierte Seefischchen

canederli – Knödel; sie werden hauptsächlich im Norden, vor allem zu Braten, gegessen.

carne salada – Pökelfleisch – die Spezialität des Trentino schlechthin; es schmeckt ein bisschen wie das Schweizer Bündnerfleisch.

carpione – Die Gardaseeforelle ist rar geworden, wenn tatsächlich mal eine auf der Speisekarte steht, sollten Sie zugreifen.

coniglio – Kaninchen; nicht nur als Braten beliebt, geschnetzelt wird Kaninchen auch als *sugo*, als Pastasauce, serviert.

funghi sott'olio – Pilze in Öl, typischer Bestandteil eines *antipasto misto*, einer gemischten Vorspeisenplatte

gnocchi – ganz kleine Kartoffelteigklößchen; ein *primo* wie die Nudelgerichte, man isst sie also als eigenen Gang nach den *antipasti* und vor dem Hauptgericht.

lavarello – Renke. Seefisch, wenn Sie Glück haben, direkt aus dem Gardasee. Wird gerne gegrillt.

prosciutto con melone – (Parma-)Schinken mit Honigmelone, Klassiker unter den *antipasti*

strangolapreti – »Priesterwürger«. Die kleinen Spinat-Brot-Klößchen schmecken am besten in Butter geschwenkt und mit kross gebratenen Salbeiblättern garniert.

tartufo – Trüffel. Am Monte Baldo wächst die rare Knolle; am liebsten isst man sie über frische Pasta oder Spiegeleier gehobelt.

trota – Forelle. Stammt meist nicht aus dem See, sondern aus den Flüssen und Bächen der Region, schmackhaft als Forelle blau oder Müllerin Art.

Bevande (Getränke)

Bardolino – Rotwein vom Ostufer, leicht, hellrot, mittlerweile durchaus von guter Qualität

birra alla spina – Bier vom Fass. Vor allem zur Pizza wird in Italien selten Wein, dafür umso lieber Bier getrunken.

Lugana – Weißwein vom Südufer, passt gut zu Fisch und Pasta.

Marzemino – Trentiner Rotwein, schwer, rubinrot, samtig

Teroldego – Trentiner Rotwein, schwer, fruchtig, gehaltvoll

ESSEN & TRINKEN

Der typische Wein am Ostufer ist der rote Bardolino – und der ist leider so bekannt, dass zu viel davon produziert wird (und nicht immer Gutes). Wer sich genauer informieren möchte, fährt die Strada del Vino entlang, besucht Kellereien, verkostet die besseren Tropfen und nimmt sich vielleicht einige Flaschen mit nach Hause. Auch feine Weißweine gibt es im südöstlichen Teil, vor allem den Lugana, der bei Sirmione angebaut wird.

Am Westufer wird weniger Wein produziert. Wer es prickelnd liebt, wird hier nach Sekt Ausschau halten, der in der Franciacorta im Südwesten des Sees im Champagnerverfahren hergestellt wird.

Klassische Gerichte des südöstlichen Ufers sind u. a. mit Ziegenkäse gefüllte Zucchiniblüten oder die regionaltypische Pastasorte *bigoli*, die manchmal in Entenbrühe gekocht werden. Im Westen findet man mehr Geflügel, so etwa Perlhuhnbrust *(petto di faraona)*. Ein beliebtes *primo* sind *tortelli di zucca*, Teigtäschchen mit Kürbisfüllung.

Weder nach Genua noch nach Venedig ist es weit, und das heißt: Das Mittelmeer liegt praktisch vor der Tür und bestimmt den Speisezettel. Viel Gemüse wird zudem zubereitet, entweder vom Grill oder eingelegt als Vorspeise. Unverzichtbar die Tomate – wer diese hier im Salat, als *caprese* (Tomaten, Mozzarella und Basilikum) oder in Pastasaucen genossen hat, wird nur noch ungern auf die roten Kugeln zurückgreifen, die er zu Hause im Supermarktregal findet.

Was die Kategorien der Restaurants anbelangt, finden Sie rund um den See so ziemlich alles, von der schnellen Pizza auf die Hand bis zu Gourmettempeln. Letztere versammeln sich vor allem um Salò und Gargnano. Die Unterschiede zeigen sich oft schon beim schlichten gemischten Salat: In lieblosen Abfertigungsschuppen wird er aus (billigem) Eisbergsalat, geraspelten Möhren und womöglich Mais aus der Dose bestehen. In guten Lokalen hingegen sieht er aus und schmeckt wie Blatt für Blatt frisch aus dem Garten gepflückt. Immer aber werden Sie den Salat ohne Dressing serviert bekommen. Haben Sie Glück, werden lokales Olivenöl in Originalflaschen und *aceto balsamico* serviert, und der Ober kommt mit einer Pfeffermühle.

Noch ein Wort zu den Pizzerien: Leider haben die Preise für den beliebten Teigfladen unverhältnismäßig angezogen. Oft bezahlt man für eine Pizza ab 8 Euro, was in keiner Relation zum Wareneinsatz steht, ist man doch nichts als etwas Mehl und Wasser, Tomatensauce, Käse und ein paar Scheiben Salami, Schinken oder eine Hand voll Krabben. Wer nur ein bisschen mehr ausgibt, kann in einem besseren Restaurant aufwändig und frisch zubereitete Pasta oder sogar Fleisch oder Fisch bekommen.

Bei den Desserts sind der Kalorienzahl keine Grenzen gesetzt. Wenn es mal leichter sein soll, bestellen Sie eine *macedonia*, einen Obstsalat aus frischen Früchten, oder fragen schlicht nach *frutta fresca*, frischem Obst: Derart leckere fruchtsüße Aprikosen und Pfirsiche, Nektarinen und Pflaumen bekommen Sie zu Hause nur selten.

In der Hauptsaison und grundsätzlich bei etwas teureren Lokalen gilt als dringende Empfehlung: Reservieren!

EINKAUFEN

Pasta und Parmesan, Schuhe und Sportartikel

Auf den bunten Wochenmärkten mischen sich Einheimische und Besucher

Lebensmittel eignen sich gut als Mitbringsel, etwa das wunderbar milde Olivenöl vom Gardasee. Das kauft man am besten (und günstigsten) in einer Kooperative, zum Beispiel in Gargnano oder in Limone. Sehr gute Produkte aus Oliven gibt es auch im Olivenmuseum in Cisano bei Bardolino. Nicht zu vergessen hochwertige oder ausgefallene Pastasorten, Wein und Grappa. Allerdings sollten Sie die beiden Letzteren lieber im Supermarkt oder in Weingeschäften als in Souvenirläden kaufen. Denn in der allzu hübschen Glasflasche steckt nicht immer der beste Tropfen.

Lederwaren sind in Italien immer noch günstig zu bekommen, vor allem auf den Märkten. Wochenmärkte finden in fast jedem Ort am See statt. Ob Sie Schuhe kaufen wollen oder Parmesan, Handtaschen oder Espressomaschinen: Hier werden Sie fündig. Auf den Märkten mischen sich noch immer Einheimische und Besucher bei der Jagd nach Schnäppchen.

Hochprozentiges Mitbringsel: aus Bardolinotrester gebrannte Grappa

Italienische Designermode gibt es in den Markenboutiquen von Salò und Peschiera, in Desenzano, Riva und auch in Bardolino. Fast ein Einkaufszentrum ist Sirmione: In den Gassen der Altstadt warten zahlreiche teure Läden auf den Geldbeutel der Gäste.

Wo sich so viele Sportler tummeln, fehlt es natürlich nicht an Sportgeschäften. In Torbole finden Surfer alles, was sie für ihren Sport benötigen. Kletterern wird man in Arco weiterhelfen, und Mountainbiker finden in Riva oder Arco Ersatzteile. Richtig billig wird das alles jedoch nicht werden – in großen Sporthäusern in Deutschland können Sie Sportartikel günstiger einkaufen.

Die Öffnungszeiten der Geschäfte sind recht unterschiedlich und italienisch flexibel. Faustregel: 9 bis 12.30 Uhr und 15.30 bis 19 Uhr. Im Sommer kann man vielerorts bis 22 Uhr shoppen, manchmal sogar noch länger. Und in den am stärksten frequentierten Touristenorten müssen Sie auch am Sonntag nicht wieder wegfahren, ohne Geld ausgegeben zu haben.

Feste, Events und mehr

Sportlich geht es bei den Festivals der Biker und der Freeclimber zu

Feiertage
1. Januar (*Capodanno*); **6. Januar** (*Epifania*); Ostersonntag und Ostermontag (*Pasqua und Pasquetta*);

Notte di Fiaba: Rivas Stadtfest

25. April (*Liberazione*, Jahrestag der Befreiung vom Faschismus); **1. Mai** (*Festa del Lavoro*); **2. Juni** (*Festa della Repubblica*, Nationalfeiertag); **15. August** (*Ferragosto*); **1. November** (*Ognissanti*); **8. Dezember** (*Immacolata Concezione*); **25. Dezember** (*Natale*); **26. Dezember** (*Santo Stefano*).

Feste und Veranstaltungen
Vor allem in der Hauptsaison finden rund um den See laufend Feste und Feierlichkeiten statt. Achten Sie auf die Aushänge, oder fragen Sie bei den Fremdenverkehrsämtern nach.

Ostern
Eine *Karfreitagsprozession* wird in Limone als nächtlicher Lichterzug durch die Altstadt inszeniert, und in Castelletto di Brenzone werden die Kreuzwegstationen als *Passionsspiel* gestaltet.

Ende April/Anfang Mai
Bikefestival in Riva – siehe Kapitel »Sport & Aktivitäten«.

Mai
Bei der *Festa del Vino Chiaretto* im Mai wird in Bardolino mit einem Straßenfest gefeiert.
Die Bewohner von Torri ehren am 26. Mai ihren Schutzheiligen *San Filippo* Neri mit einer nächtlichen Segelregatta.

Juni
In Limone wird auf der Piazza Garibaldi an einem Juniwochenende bei der *Festa Popolare del Lago* kostenlos Weißwein ausgeschenkt, dazu gibt es Gardaseefisch.

Juli/August

In vielen Seeorten gibt es im Sommer Konzerte. In Gardone werden im Theater des Vittoriale degli Italiani *Konzerte und Freilichtaufführungen* veranstaltet, in Manerba treffen sich Künstler zum internationalen Sommermusikfestival *Armonie sotto la Rocca*. In Malcesine werden auf einer Freiluftbühne bei der Burg Konzerte und Theaterstücke aufgeführt *(Malcesine e l'Europa),* in Veronas Arena laufen die berühmten *Opernfestspiele.* Am letzten Juliwochenende und am ersten Augustwochenende gibt es im Freien und in verschiedenen Lokalen im Rahmen von *Torbole Jazz* Livejazz verschiedener Stilrichtungen. Straßenfeste prägen den *Carnevale del Sole* am letzen Julisamstag in Salò. Am 26. Juli gibt es *Fackelumzüge* zu Ehren der Heiligen Benignus und Carus in Malcesine.

Insider Tipp *Musica Riva,* eine internationale Konzertreihe junger Musiker, findet in der zweiten Julihälfte in der Burg statt. www.musicarivafestival.com
Ein großes Stadtfest feiert Riva im August mit Umzügen und Freilichtaufführungen, gekrönt durch die *Notte di Fiaba*, ein festliches Feuerwerk am See. www.nottedifiaba.it

September

Bei der Vogelmesse *Sagra degli Osei* in Cisano versuchen Stimmkünstler, Vogelstimmen zu imitieren.

Mitte September feiert Torri del Benaco den *Carnevale Settembrino* mit Umzügen und Straßenkünstlern Bei der *Traubenkur* von Mitte September bis Anfang Oktober können bei Gratisverkostungen in Riva, Arco und Torbole Wein und lokale Produkte probiert werden. Außerdem werden Führungen in Weinkeller und Konzerte organisiert. Auskunftsbroschüren bei den Fremdenverkehrsämtern.

Oktober

In Bardolino wird am ersten Oktoberwochenende das Ende der Lesezeit gefeiert. Bei der *Festa dell'Uva* gibt es Wein bis zum Abwinken. Abends großes Feuerwerk.

November

Eine Verkaufsausstellung in San Zeno di Montagna ist die *Mostra Mercato del Marrone*, bei der Esskastanien und verschiedene Produkte aus Maronen vorgestellt werden.

Ein Sommernachtstraum: Oper unter Sternen in der Arena di Verona

NORDUFER

Surferspot und Bikertreff

Zum Faulenzen ist das Nordufer viel zu schade

Sie waren noch nie an einem norwegischen Fjord? Das macht nichts, fahren Sie einfach an das Nordufer des Gardasees, da sieht es fast genauso aus. Die Seeoberfläche liegt auf nur 65 m überm Meer, an seiner tiefsten Stelle aber misst der Gardasee 346 m. Mächtig steil ragen die Bergwände hier auf, für Ortschaften ist wenig Platz. Riva allein kann sich etwas ausbreiten, denn es liegt im einstigen Schwemmlandkegel der Sarca, die hinter Arco schon wieder von gewaltigen Felswänden eingerahmt wird. Dort fühlen sich Kletterer zu Hause. Das Nachbardörfchen Torbole liegt eingezwängt zwischen Monte Brione, Seeufer und dem Felsen, auf dem die Ruine der Burg Penede thront. Genau diese spezielle Lage ist es, was das Publikum von Torbole schätzt: Wie durch einen Windkanal sausen hier regelmäßig *ora, peler* und *balì,* sehr zur Freude der Surfer.

Etwas weiter südlich gelangt man nach Malcesine, einem netten alten Dorf, allerdings oft sehr überlaufen. Sportlich Aktive erklimmen den Gipfel des Monte Baldo, der fast 2000 m über den See aufragt. Malcesine direkt gegenüber liegt Limone, das manchmal unter dem Ansturm der Tagesgäste zu ächzen scheint. Frühmorgens aber, wenn in den Cafés am Ufer die Markisen heruntergedreht und die Stühle herausgestellt werden, spürt man noch etwas vom Charme der kleinen Gardaseeorte.

LIMONE

[118 B–C4] Limone hat nur wenig Platz. Am westlichen Nordufer ragen die Berge hoch auf und fallen steil ab in den See. Die kleine Altstadt drängelt sich auf dem engen Raum – und in ihren Gassen drängeln sich die Menschen. Limone zählt nur etwa 1000 Ew., doch es ist eine der Tourismushochburgen des Gardasees. Besonders schön ist in Limone die Ankunft per Schiff – nur vom Wasser aus sieht man die Reste der vielen *limonaie,* in denen einst Zitronen gezüchtet wurden. Heute sind fast alle verfallen, nur die Pfeiler ragen noch empor.

Im 13. Jh. begann der Zitronenanbau am Gardasee, und um die empfindlichen Pflanzen gegen Nachtfröste zu schützen, wurden aufwändige Gewächshäuser gebaut. Zwischen Pfeilern wurden im Winter Bretterverschläge eingehängt.

Das Nordufer ist das Ufer der Sportler und ganz besonders der Surfer

LIMONE

Limone: Im Hotel all'Azzurro wohnen Sie direkt am kleinen Hafen

Heute gibt es nur noch ganz vereinzelt *limonaie* in Betrieb: 1866 war die Lombardei zum neu entstandenen Italien gekommen. Nach der Einigung fielen in Italien die Schlagbäume und somit die Schutzzölle – Zitronen aus Sizilien waren danach sogar in Norditalien billiger als die eigenen, mühsam gehegten.

Obwohl in Limone an Häusern und in Souvenirshops überall Zitronen – italienisch: *limone* – zu sehen sind, leitet sich der Ortsname vom lateinischen *limes* (»Grenze«) ab. Heute ist diese Grenze nur noch die zwischen dem Trentino und der Lombardei, doch bis 1918 war es die Trennlinie zwischen Österreich und Italien.

SEHENSWERTES

San Benedetto
Ursprünglich stand hier eine römische Basilika. Auf deren Ruinen wurde die Pfarrkirche 1691 errichtet. Sehenswert sind drei Altäre aus dem 17. Jh. sowie zwei Gemälde Andrea Celestis vom Anfang des 18. Jhs. *So 8–18 Uhr*

ESSEN & TRINKEN

Locanda alla Noce
Auf der Terrasse mit Seeblick nur ein paar Schritte von der Altstadt genießt man die Ruhe und gediegene Gerichte wie Bandnudeln mit Pfifferlingen. *Mi geschl., Via Comboni 33, Tel. 03 65 95 40 22, €–€€*

Al Pirata
Pizza aus dem Holzofen, frisch und kross, und das bis Mitternacht – was will man mehr? *Tgl., Lungolago Marconi 56, Tel. 03 65 95 43 85, €*

Hotel Al Rio Se'
In dem kleinen Hotel, etwas entfernt vom Trubel, kehren Stammgäste seit Jahrzehnten ein. Auf der kleinen Terrasse des Restaurants

NORDUFER

sitzt man sehr beschaulich und genießt wunderbares Forellenfilet mit frischem Salbei und Butter. *April bis Sept. tgl., Via Nova 12, Tel./Fax 03 65 95 41 82, €*

EINKAUFEN

Cooperativa Agricola Possidenti Oliveti
In der »Genossenschaft der Olivenhainbesitzer« bekommen Sie außer dem *olio d'oliva extra vergine* eine große Auswahl an Ölprodukten wie eingelegte Oliven und Ölpasten. *Via Campaldo 2 und Via IV Novembre 29*

Markt
Jeden ersten und dritten Dienstag im Monat.

ÜBERNACHTEN

Hotel all'Azzurro
Natürlich hätte das Hotel in der Altstadt auch mal wieder renoviert werden können – aber dann wäre es nicht mehr so günstig. So wohnt man schlicht, aber direkt am See an der Bootsanlegestelle. *30 Zi., Piazzale Gerardi 2, Tel. 03 65 95 40 00, Fax 03 65 95 43 57, €–€€*

Garda
Ein Campingplatz mit Privatstrand. *Via IV Novembre 10, Ortsteil Fasse sul Lago, Tel. 03 65 95 45 50, Fax 03 65 95 43 57*

Park Hotel Imperial
Das Imperial, eines der wenigen Fünf-Sterne-Hotels am Gardasee, bietet jeden Luxus – also auch einen schön großen Pool. Außerdem liegt es reizend etwas oberhalb der Altstadt. *61 Zi., Via Tamas, Tel. 03 65 95 45 91, Fax 03 65 95 43 82, www.parkhotelimperial.com, €€€*

Le Palme
Wer mitten im Ort wohnen möchte, ist hier richtig: Le Palme wurde

MARCO POLO Highlights »Nordufer«

★ **Spiaggia Sabbioni**
In Riva liegt einer der größten und schönsten freien Strände des Sees (Seite 38)

★ **Cascata del Varone**
Der Wasserfall ist ein gutes Kinderprogramm, auch bei Regen (Seite 39)

★ **Museo di Arte Moderna e Contemporanea**
In Rovereto: moderne Kunst in Mario Bottas modernem Museumsbau (Seite 43)

★ **Schauderterrassen**
Ein Cappuccino auf den weit in den See ragenden Caféterrassen von Pieve (Seite 30)

★ **Museo Castello Scaligero**
Goethe-Zeichnungen und Naturkunde in Malcesines Scaligerkastell (Seite 32)

★ **Funivia Monte Baldo**
Die Fernsicht aus der Seilbahn und vom Gipfel ist phantastisch (Seite 35)

LIMONE

in einer Villa aus dem 17. Jh. untergebracht. *28 Zi., Via Porto, Tel. 03 65 95 46 81, Fax 03 65 95 41 20, panorama@limone.com, €€€*

SPORT & STRÄNDE

Baden
Es gibt einen winzigen Kiesstrand am nördlichen Ende der Promenade in der Altstadt und die *Spiaggia del Tifù* mit Beachvolleyball am südlichen Ortsrand. Südlich des großen Parkplatzes finden Sie den großen, freien Kiesstrand.

Bootstouren und Motorbootverleih
Garda Escursioni Peroni, Lungolago Marconi 2, Tel. 03 65 95 42 10

Fahrradverleih
Tombola Rent, Via Einaudi 18, Tel. 03 65 95 40 51

Spaziergänge
Spaziergänge durch die Olivenhaine beginnen im Juli und August Do um 8.30 Uhr an der Piazza Garibaldi, Rückkehr ist gegen 12 Uhr, die Teilnahme kostenlos. Auskunft: *Gruppo Alpini, Tel. 03 65 95 42 65*

Wandern
Von Juni bis September gibt es jeden Sonntag **geführte Wanderungen** zur Hütte Bonaventura Segala. Treffpunkt um 8 Uhr an der Bar Turista, Teilnahme kostenlos. Auskunft beim *Gruppo Alpini, Tel. 03 65 95 42 65*.

AUSKUNFT

Via IV Novembre 2 c, Tel. 03 65 91 89 87, Fax 03 65 95 47 20, www.limone-sulgarda.it

ZIELE IN DER UMGEBUNG

Campione [118 B5]
Campione, ein Ortsteil von Tremosine auf der Hochebene, liegt 6 km südlich direkt am See. Der **freie Strand** ist bei Surfern sehr beliebt, es gibt Stellplätze für Wohnmobile und die Segelschule *Garda Yachting Charter (Tel. 03 65 91 60 18, www.gyc.it)*. Sehr einfach – aber das einzige am Ort – ist das *Albergo Ristorante Pizzeria Da Tonino (8 Zi., Tel./Fax 03 65 91 60 02, €)*.

Madonna di Montecastello [118 B5]
Die Einsiedelei ein paar Kilometer südlich ist ein beliebtes Ausflugs- und Pilgerziel 700 m hoch über dem See. Man hat einen wunderbaren Blick über den Gardasee und die Berge. *Mitte März–Okt. tgl. 9–18 Uhr*

Pieve [118 B5]
Im wenige Kilometer südlich von Limone gelegenen Hauptort von Tremosine gibt es eine nette Fußgängerzone, doch deshalb wird kaum jemand die gewundene Straße hochfahren. Angelockt werden Besucher von den ★ »Schauderterrassen«. Mit diesem Slogan wirbt seit Jahrzehnten das Hotel *Paradiso (22 Zi., Tel. 03 65 95 30 12, Fax 03 65 91 80 90, www.terrazzadelbrivido.it, €€)*, dessen Terrasse tatsächlich ganz oben aufregend weit in den See hinausragt. Aber auch andere Häuser sitzen ähnlich knapp am Abgrund. Nahe der Terrasse des Hotels *Miralago (7 Zi., Tel. 03 65 95 30 01, Fax 03 65 95 30 46, www.miralago.it, €)*, in dem man direkt am Abgrund übernachtet, kann man **auf einem schmalen Weg**

NORDUFER

Erhebende Ausblicke bieten die Zinnen der Scaligerburg von Malcesine

die scheinbar senkrechte Felswand hinunterwandern und kommt so wieder ans Seeufer und zur Bushaltestelle. Direkt neben dem Miralago gibt es in der *Bar Gelateria Tremosine* selbst gemachtes Eis. Auskunft: *Piazza Marconi, Tel. 03 65 95 31 85, Fax 03 65 91 86 70, www.infotremosine.it*

MALCESINE

[118 C5] Malcesine ist der einzige größere Ort am östlichen Nordufer, mit 3600 Ew. fast schon eine kleine Stadt. Die engen Gassen der Altstadt drängen sich zur Burg hinauf. Wer nur unten am See entlang flaniert, bekommt von der Atmosphäre von Malcesine nur einen Teil mit. Denn in den Gassen gibt es immer noch ruhige Ecken, wo Kinder Ball spielen und die Nachbarn zu einem Schwätzchen zusammenstehen.

Von der Burg hat man einen wunderbaren Blick auf den See und die Dächer Malcesines. Wer in Malcesine bleibt, sollte einen Besuch der Burg nicht verpassen, nicht nur, weil man sich so auf die Spuren eines berühmten Deutschen begibt: Johann Wolfgang von Goethe war hier, allerdings dichtete er hier weniger, sondern griff zu seinen Malutensilien, was ihm beinahe eine Verhaftung eingebracht hätte. Er wurde für einen habsburgischen Spion gehalten, der sich für die Burg nicht aus ästhetischen, sondern aus militärischen Zwecken interessierte. Erst als er beteuerte, aus Frankfurt zu sein, entspannte sich die Situation. Schön und gemütlich ist es auch, sich einfach ein Eis zu holen, sich an die Hafenmole zu setzen und dem See und den Schiffen zuzusehen.

SEHENSWERTES

Palazzo dei Capitani del Lago
Der Palast nahe beim Hafen wurde von den Scaligern im 13. Jh. erbaut,

MALCESINE

die unverwechselbaren Zinnen verpassten ihm die Venezianer; Ende des 15. Jhs. residierten dort die venezianischen Gouverneure. Heute ist hier das Rathaus untergebracht. Hin und wieder finden Ausstellungen statt, dann sollte man nicht versäumen, dem ==schönen Gebäude und auch dem kleinen Palmengarten== direkt am See einen Besuch abzustatten.

Insider Tipp

Santo Stefano
Die einschiffige Barockkirche von 1729 ist keine große kunsthistorische Besonderheit, interessant ist jedoch die Kreuzabnahme von Girolamo dai Libri. Der Eingang liegt etwas versteckt an der Seite bei der Sonnenuhr.

MUSEUM

Museo Castello Scaligero
★ Das gesamte Scaligerkastell ist ein Museum. Der Teil im Palazzo Inferiore von 1620 im untersten Hof informiert über Flora, Fauna und Geologie des Monte Baldo und erklärt, wie die Venezianer im 15. Jh. Galeeren über den Landweg in den Gardasee brachten. Der Goethe-Raum zeigt Kopien der Gardaseezeichnungen des Geheimrats. *Kastell tgl. 9–19.30 Uhr, Museum April–Okt. tgl. 9–19, Nov.–März Sa/So 10–16 Uhr*

ESSEN & TRINKEN

Gelateria
Insider Tipp
Nur eine kleine Eisdiele und dazu noch direkt am Eingang zur Burg – und dennoch: Hier gibt es ausgesprochen leckeres, selbst gemachtes Eis in Schokoladenwaffeln. *Via Castello 31*

Pub La Ruota
🏃 Zwar nur ein Pub, eine ordentliche Pizza bekommen Sie aber auch. Zudem kann man zusehen, wie die Teigfladen belegt und in den Ofen geschoben werden. Das Lokal ist beliebt bei jungen Leuten; es wird hauptsächlich italienische Musik gespielt. *Di geschl., Piazza Statuto 21, Tel. 04 57 40 10 60, €*

Taverna dei Capitani
Ein ziemlich rustikales Lokal, man sitzt im Innenhof oder bei schlechtem Wetter unter alten Gewölben. *Di geschl., Corso Garibaldi 2, Tel. 04 57 40 00 05, €€*

EINKAUFEN

Artemalcesine
Insider Tipp
Kaum zu glauben: Mitten in all dem immer gleichen Ramsch rund um den See eine echte Entdeckung. Außer dem üblichen Alessi-Allerlei gibt es Designerantiquitäten des 20. Jhs – alles, was italienisches Design berühmt gemacht hat. *Via Statuto 13*

Markt
Jeden Samstagvormittag auf dem *Platz beim Municipio.*

ÜBERNACHTEN

Excelsior Bay
Das große Hotel liegt ruhig außerhalb der Altstadt an der Strandpromenade. Mit großem Pool und Dachterrasse zum Sonnenbaden. *64 Zi., Lungolago Madonnina 13, Tel. 04 57 40 03 80, Fax 04 57 40 16 75, www.hotelexcelsiorbay.com, €€€*

Vega
Das etwas ältere, schön renovierte Hotel liegt einige Gehminuten außer-

NORDUFER

Altstadtgassen von Malcesine: schauen und schlendern bis zum späten Abend

halb der Altstadt, aber dafür direkt am See. Ausdrücklich werden keine Reisegruppen untergebracht, sondern nur Individualreisende. *19 Zi., Viale Roma 10, Tel. 04 56 57 03 55, Fax 04 57 40 16 04, www.hotelvegamalcesine.it, €€*

Villa Alba

Von einigen Zimmern hat man einen herrlichen Blick über den See. Die Inhaberin, Renate Krenslehner, hat ein Herz für Motorradfahrer. Für das Bike gibt es Stellplätze in der Garage, Hochdruckreiniger und Werkzeug, für die Fahrer ein reichhaltiges Frühstücksbuffet. *12 Zi., Via Gardesana Centro 4, Tel./Fax 04 57 40 02 77, www.hotelvillaalba.it, € – €€*

SPORT & STRÄNDE

Baden

Ein schmaler freier Kiesstrand zieht sich nördlich bis nach Navene. Bei *Val di Sogno* südlich von Malcesine liegt eine schöne Badebucht mit Bäumen. Ein kleiner Strand versteckt sich unterhalb der Burg; man gelangt zu ihm über eine steile Treppe.

Mountainbikeverleih

Bei *Furioli (Piazza Matteotti, Tel. 04 57 40 00 89)* kann man nicht nur Bikes leihen, die Räder werden auch auf den Gipfel des Monte Baldo gebracht! Außerdem gibt es geführte Touren.

Surf- und Segelschulen

Stickl Sport Camps (Val di Sogno, Tel. 04 57 40 16 97 oder in Deutschland 089/60 87 55 38, www.stickl.com); Nany's (Navene, Tel. 04 57 40 04 07); Wwwind square (Via Gardesana, Ortsteil Sottodossi, Tel. 04 57 40 04 13, www.wwwind.com

Tandemflüge

Zwei Piloten bieten für Abenteuerlustige Tandemflüge mit dem Gleit-

MALCESINE

schirm vom Monte Baldo an. *Peter, Tel. 33 81 95 38 22, und Condorfly, Tel. 33 83 92 24 12, www.condorfly.com*

Tauchen
Malcesine Dream Sub, Val di Sogno, Tel. 04 57 40 02 16; Athos Diving, Brenzone, Tel. 04 56 59 00 15

AM ABEND

In Malcesines Altstadtgassen geht es im Sommer bis Mitternacht lebhaft zu, so wie tagsüber die Tagestouristen flanieren abends die Nachtschwärmer.

Art Café
🏃 Wer nicht immer nur Wein und andere alkoholische Getränke in sich hineinschütten möchte, kann im schicken Art Café einen Milchshake zu sich nehmen. *Piazza Turazza 12*

Disco Corsaro
Diese Diskothek liegt sehr romantisch direkt unterhalb der Burg. *Via Paina 17*

Osteria Santo Cielo *(Insider Tipp)*
🏃 Eine kleine Osteria, die fast nur von jungen Einheimischen frequentiert wird. Essen kann man hier zwar auch, zum Beispiel *bruschette* oder eine Käseplatte, aber es gibt vor allem eine umfangreiche Weinkarte. Hübsch sitzt man bis spätabends auf den alten Metallstühlen im Freien. *Piazza Turazza 11*

AUSKUNFT

Via Capitanato 6/8, Tel. 04 57 40 00 44, Fax 04 56 57 03 33, www.malcesinepiu.it

ZIELE IN DER UMGEBUNG

Brenzone [118 B6]
Fährt man Richtung Süden am See entlang, kommt man nach wenigen Kilometern nach Brenzone, einem Zusammenschluss einiger Dörfer zwischen Malcesine und Torri del Benaco. Längs des Ufers liegen Castelletto, der Hauptort Magugnano, Porto und Assenza, am Hang Borago, Prada und noch ein paar weitere. Von Prada und Costabella aus führen Lifte auf den Monte Baldo. Schlendern Sie durch die Gassen von ⚜ *Castello di Brenzone* – hier ist es viel ruhiger als unten am See, und die Ausblicke aufs Westufer gegenüber sind phantastisch.

Versierte Autofahrer oder konditionsstarke Biker können noch weiter hinauf: Man nimmt in Castello die Abzweigung nach Prada. Die Straße wird später extrem serpentinenreich, zum Teil führt sie ausgesetzt am Steilhang entlang. 30 Prozent Steigung (!) sind zudem zu bewältigen. Hat man das geschafft – auch zu Fuß möglich –, kommt man zur Hochfläche unterhalb des Monte Baldo.

Sie können hier übernachten im ⚜ Hotel *Sorriso (26 Zi., Porto di Brenzone, Tel./Fax 04 57 42 00 14, €)*. Zur Straße ist es laut, verlangen Sie ein Zimmer zum Berg! Schön direkt am Strand liegt das Hotel *Belfiore (32 Zi., Porto di Brenzone, Tel. 04 57 42 01 79, Fax 04 57 42 06 53, €€)*. Auskunft: *Via Zanardelli 38, Tel./Fax 04 57 42 00 76, www.brenzone.it*

**Eremo Santi
Benigno e Caro** [118 C5–6]
⚜ Die Eremitage der beiden Einsiedler Benigno und Caro liegt beim

NORDUFER

Ortsteil Cassone. Sie ist in einer zweistündigen Wanderung von der Mittelstation der Seilbahn von Malcesine zu erreichen, der Weg ist ausgeschildert. Die Kirche ist zwar nur am 26. Juli geöffnet (an diesem Tag findet eine Prozession statt), doch ist der Ort ein schönes Plätzchen für ein Picknick mit toller Aussicht.

Funivia Monte Baldo [118 C5]
★ Die Monte-Baldo-Seilbahn überwindet von Malcesine über die Mittelstation San Michele bis zur Bergstation 1700 Höhenmeter – viel Zeit zum Schauen, was sich doppelt lohnt, da die 2002 eröffnete, neue Bahn im oberen Abschnitt rundum verglaste, sich um die eigene Achse drehende Kabinen hat.

Oben warten nicht nur lange, aussichtsreiche Wanderungen, sondern auch ein halbstündiger Spaziergang auf einem ebenen Panoramaweg mit grandiosen Tiefblicken. Da dieser Ausflug sehr beliebt ist, ist manchmal mit stundenlangen Wartezeiten zu rechnen! Einzige Chance: Frühmorgens eine der ersten Gondeln erreichen. Es werden auch Mountainbikes transportiert, aber nur zu bestimmten Uhrzeiten. *Tgl. ab 8 Uhr, hin und zurück 15, einfach 10 Euro, Mountainbike 7 Euro, Auskunft Tel./Fax 04 57 40 02 06*

RIVA DEL GARDA

Karte in der hinteren Umschlagklappe

[118 C3] Mit 14 000 Ew. ist Riva der zweitgrößte Ort am See, sodass man nicht den Eindruck eines Touristenstädtchens bekommt. Die Einheimischen haben Riva nicht gänzlich vereinnahmen lassen, auf dem Markt und in den Restaurants, am Strand und beim abendlichen Flanieren hört man noch viel Italienisch. Die Besucher sind auch nicht so einheitlich wie im benachbarten Surfermekka Torbole. Auch in Riva treffen sich Surfer, wenngleich die Windverhältnisse für die ganz Sportlichen hier nicht mehr so interessant sind. Familien mit Kindern fühlen sich in Riva dank des langen Strandes und des weitläufigen Uferparks genauso wohl wie ältere Besucher.

Riva liegt am fjordartigen Nordende des Sees, nach Nordosten hin breitet sich die immer größer werdende Stadt ins flache Schwemmland der Sarca aus, der historische Kern liegt am See. Drei Stadttore Rivas blieben erhalten, sie führen heute in den Fußgängerbereich der Altstadt.

Schon den Römern entging die strategisch günstige Lage dieser Nordecke des Sees nicht, sie errichteten eine Burg auf dem Weg zwischen Rom und ihrem nördlichen Vorposten Trient. Später war das Habsburgerstädtchen ein Anziehungspunkt für Literaten, darunter Friedrich Nietzsche und Thomas Mann, Rainer Maria Rilke und Franz Kafka. Erst seit dem Ende des Ersten Weltkriegs gehört Riva zu Italien.

SEHENSWERTES

Chiesa dell'Inviolata
Die auffällige, achteckige Kirche wurde im 17. Jh. außerhalb der Altstadt erbaut. Sie gilt als die schönste Barockkirche des Trentino. Der portugiesische Architekt ließ sie außen

Riva del Garda

Inviolata-Kirche: außen schmucklos, innen der Formenreichtum des Barock

schmucklos, prunkt aber im Innern mit barockem Formenreichtum.

Rocca
Schon im 12. Jh. stand hier eine Wasserburg, die Scaliger bauten sie 1370 zu einer starken Befestigung aus. Zu den Besitzern gehörten auch die Österreicher, die dort eine Kaserne untergebracht hatten. Heute logiert das Stadtmuseum in der Burg.

Torre Apponale
Das 34 m hohe Wahrzeichen der Stadt, das Riva auf Fotos unverwechselbar macht, wurde Anfang des 13. Jhs. zum Schutz des Hafens gebaut. Zu seinen Füßen breitet sich die lebhafte Piazza III Novembre aus, das Herz der Altstadt.

MUSEUM

Museo Civico
Das modern gestaltete Museum umfasst drei Stockwerke der Burg. Ausgestellt sind Gemälde und Interessantes zur Stadtgeschichte, außerdem gibt es eine umfangreiche archäologische Abteilung. *Di–So 10 bis 18 Uhr*

ESSEN & TRINKEN

Bella Napoli
Hier gibt es die beste Pizza der Stadt – kein Wunder, die Familie kommt wirklich aus Neapel, und da wurde der belegte Teigfladen ja schließlich erfunden. *Mi geschl., Via Armando Diaz 29, Tel. 04 64 55 21 39, €*

Commercio
Rustikal sitzt man im riesigen Saal dieses alten Palazzos oder draußen in einer Fußgängerecke und genießt die hausgemachte Lasagne oder den Risotto mit Teroldego, einem lokalen Rotwein, und Radicchio. *Mo geschl., Piazza Garibaldi 4, Tel. 04 64 52 17 62, €€*

NORDUFER

Mediterraneo
Der Name verrät es: Hier wird Mittelmeerküche serviert. Ausgezeichnet ist die Fischgrillplatte. Da es nur wenige Plätze im Freien gibt, trifft man hier viele Einheimische – die stört es nämlich anders als die *nordici* nicht, drinnen zu essen. *Di geschl., Piazza Garibaldi 6, Tel. 04 64 55 01 75, €€–€€€*

Trattorietta La Montanara *(Insider Tipp)*
Die karierten Tischtücher verraten es: Hier wird rustikal gekocht, etwa Trentiner Pferdesteak oder Penne mit Taleggio. Es gibt einige wenige Tische in der Gasse, mehr Platz ist im gemütlichen Lokal – da sitzen auch die meisten Einheimischen. *Di geschl., Via Montanara 11, Tel. 04 64 55 19 54, €*

Restel de Fer
Restel de Fer ist im Trentiner Dialekt der Name für ein massives Hoftor. Nicht ganz so massiv, aber doch deftig ist die original Trentiner Küche, die Enio Meneghelli hier serviert. *Mittags und Di geschl., Via Restel de Fer 10, Tel. 04 64 55 34 81, €€€*

EINKAUFEN

Alimentari Morghe
Pasta und Reis, Gemüse, Kaffee, Oliven – alles, was es eben in italienischen Lebensmittelgeschäften so gibt. Mit einem Unterschied: Hier ist alles aus Bioproduktion, *(Insider Tipp)* sogar das Eis. Und wer Heimweh hat: Es gibt auch Vollkornbrot. *Viale Rovereto 101*

La Bottega dell'Artigiano
Keine Töpfermassenware, sondern handgefertigte Keramik; dafür muss man natürlich etwas mehr Geld ausgeben. Hübsch sind auch die Papierwaren, Notizbücher und Kalender auf buntem, edlem Recyclingpapier. *Via Fiume 33*

Erreluce
All die schicken Designerlampen, die in Deutschland unerschwinglich sind, kosten zwar auch hier einiges – aber man findet in dem kleinen Laden außerhalb der Altstadt auch heruntergesetzte Ware. *Viale dei Tigli 21 c*

Markt
Im Sommer jeden zweiten und vierten Mittwoch des Monats am *Viale Dante.*

Omkafé
In dieser Kaffeerösterei können Sie den Espresso für zu Hause einkaufen. *Via Vannetti 18*

ÜBERNACHTEN

Agriturismo Eden Marone
Der Familienbetrieb wurde runderneuert, nun haben alle Zimmer ein eigenes Bad und sogar einen Balkon. Hier wohnt man inmitten von Oliven und Wein *(Insider Tipp)* – und beide gibt es auch aus eigenem Anbau. *15 Zi., Via Marone 11, Tel./Fax 04 64 52 15 20, www.edenmarone.it, €*

Cervo
Ein bürgerlich geführtes Hotel mitten in der Altstadt. Autolärm müssen Sie hier nicht befürchten, dafür kann es vor dem Fenster abends noch lange lebhaft zugehen. *59 Zi., Via Armando Diaz 15, Tel. 04 64 55 22 77, Fax 04 64 55 43 67, www.hotelcervoriva.it, €€*

RIVA DEL GARDA

So leer werden Sie die Uferpromenade in Riva nur selten antreffen

Hotel Du Lac et du Parc
Nietzsche logierte 1880 hier, an seine Schwester schrieb er, er wohne in einem wunderschönen grünen Garten. Das jetzige Du Lac ist ein Neubau, doch der Park blieb unangetastet. *164 Zi., Viale Rovereto 44, Tel. 04 64 55 15 00, Fax 04 64 55 52 00, www.hoteldulac-riva.it, €€€*

Ostello Benacus
Wenn Sie lange genug im Voraus buchen, haben Sie vielleicht Glück: Es gibt in der Jugendherberge sogar ein Doppelzimmer mit eigenem Bad. Ansonsten auf drei Etagen Mehrbettzimmer mit abschließbaren Schränken. *67 Zi., Piazza Cavour 9, Tel. 04 64 55 49 11, Fax 04 64 55 99 66, www.ostelloriva.com, €*

Villa Maria
In dieser kleinen Pension in Spaziernähe zur Altstadt wohnen Sie ruhig, wenn Sie ein Zimmer nach hinten verlangen. Die Zimmer selbst sind nur durchschnittlich, aber der aufmerksame Service der jungen Betreiber macht das wett. *10 Zi., Viale dei Tigli 19, Tel. 04 64 55 22 88, Fax 04 64 56 11 70, www.garnimaria.com, €*

SPORT & STRÄNDE

Baden
Riva hat einen der größten und schönsten freien Strände des ganzen Sees. Die ★ *Spiaggia Sabbioni* zieht sich im Anschluss an den Hafen in Richtung Torbole bis zum Monte Brione hin. Viel Schatten, diverse Bars und Eisstände.

Fahrradverleih
Bikes Girelli (Viale Damiano Chiesa 15/17, Tel. 04 64 55 66 02, www.xsnet.it/girellibike); Cicli Pederzolli (Via Canella 14, Tel. 04 64 55 18 30); Bikes 3-S-Bike Scott (Viale Rovereto 47, Tel. 04 64 55 20 91)

Surfen
Windsurfing Center Procenter F2, Spiaggia dei Pini, Tel. 04 64 55 17 30, www.windsurfmb.com,

NORDUFER

AM ABEND

Café Latino
🏃 Direkt neben dem Wasserkraftwerk liegt dieses Nachtcafé zum Tanzen, Abhängen und Versacken. *Fr/Sa ab 20 Uhr, Via Monte Oro 14*

Don Carlos
Mi und Do Latino-Livemusik (ab 21 Uhr), Fr–So (ab 22.30 Uhr) hippe DJs. *Zwischen Riva und Arco, Via Santa Caterina 84*

Jonny's Pub
🏃 Offensichtlich gibt es hier Grabenkämpfe mit dem benachbarten Lokal Vecchio Porto: Jeder wetteifert darum, die Musik lauter zu drehen. Der einheimischen Jugend gefällts. *Piazza Catena 7*

Spleen
Diese Disko liegt in Arco, dennoch fahren viele abends dorthin. Vor allem samstags immer voll. *Arco, Via Aldo Moro 35*

Il Vecchio Porto
🏃 In dieser Bar am Hafen trifft sich die einheimische Jugend bei lauter Musik und Bier. *Piazza Catena 5*

AUSKUNFT

Im Sommer bietet die Touristinformation auch kostenlose Stadtführungen an. *Giardini di Porta Orientale 8, Tel. 04 64 55 44 44, Fax 04 64 52 03 08, www.gardatrentino.it*

ZIELE IN DER UMGEBUNG

Cascata del Varone [118 C2–3]
★ Was im Lago di Tenno noch so ruhig vor sich hin schimmert, rauscht hier 100 m mit ziemlichem Getöse zu Tal. 1874 wurde der Wasserfall Varone 5 km nördlich von Riva für Besucher eröffnet. *März und Okt. tgl. 9–17, April und Sept. 9–18, Mai–Aug. 9–19 Uhr, Nov.–Feb. So 10–17 Uhr*

Lago di Ledro [118 B3]
Wem es am Gardasee zu voll und vielleicht auch zu heiß wird, der kann diesen kleinen Ausflug (gut 10 km) ins Gebirge unternehmen. Nach der Durchfahrt durch zwei lange Tunnel kommt man auf die Hochebene der Valle di Ledro *(www.valledilledroinfo.com)* und kurz darauf an den gleichnamigen See. Seltsam metallisch grün liegt er in den Bergen. Aus Pfahlbautenresten, die hier gefunden wurden, schließt man, dass vor 4000 Jahren viele Menschen an den Ufern des Ledrosees gelebt haben müssen.

Am hinteren Ende des Sees steht an einem schönen Strand das Hotel *Lido (34 Zi., Pieve di Ledro, Tel. 04 64 59 10 37, Fax 04 64 59 16 60, €€–€€€)*. In der *Locanda Tre Oche (Mo geschl., Molina di Ledro, Via Maffei 37, Tel. 04 64 50 85 46, Fax 04 64 50 86 97, €€)* sollten Sie typische Trentiner Gerichte wie Gerstensuppe oder die hausgemachte Pasta probieren. Zum Restaurant gehört auch ein Hotel.

Lago di Tenno [118 C2]
Tenno ist ein beliebter Ausflugsort für Urlauber am nördlichen Gardasee; eine kurvenreiche Straße führt 6 km hinauf. Von Tenno aus kann man auf dem *Sentiero del Salt* einen schönen Spaziergang nach *Canale di Tenno* unternehmen, einem mittelalterlichen, ziemlich herausgeputzten Ort – ein beliebtes Plätz-

TORBOLE

Beachvolleyballplätze finden Sie an zahlreichen Stränden rund um den See

chen für Maler, die hier im Sommer ihre Werke ausstellen.

Fährt man noch ein paar Kilometer weiter ins Gebirge, kommt man zum Lago di Tenno, einem dunkelgrünen Gebirgssee mit kleinem Badestrand. Idyllisch ist es hier, nicht zu vergleichen mit den Stränden am Gardasee. Wer über Nacht bleiben möchte: *Clubhotel Lago di Tenno, 39 Zi., Tel. 04 64 50 20 31, Fax 04 64 50 21 01, €€*

Römische Ausgrabungen
San Martino [118 C2]

Diese etwas versteckt liegenden Ausgrabungen erreichen Sie von *Campi* ein paar Kilometer nordwestlich aus. Dort kann man das Auto an der Kirche stehen lassen, dann führt ein ausgeschilderter halbstündiger Spaziergang durch den Wald zu der archäologischen Stätte (es gibt aber auch einen näher gelegenen Parkplatz). Die Reste stammen von einem römischen Haus, vermutet wird ein Kultplatz, vielleicht auf noch älteren Mauern errichtet. Die Anlage erhebt sich als markanter Wachtposten über Tenno, die Ebene von Riva und die antiken Wege ins Ledrotal. Bei der Ausgrabungsstätte gibt es auch einen netten Picknickplatz.

TORBOLE

[118 C3] Torbole ist der jüngste Ort am See. Mit historischen Daten hat das jedoch nichts zu tun – in Torbole treffen sich die sportlichen, jüngeren Leute, und von diesen natürlich hauptsächlich die Surfer. Natürlich deswegen, weil hier die Winde des Gardasees für Anspruchsvolle hervorragende Bedingungen bieten. So regelmäßig, dass man fast die Uhr danach stellen könnte, pusten sie übers Wasser. Die Sportler freuts, sie flitzen zum Strand, auf ihre Bretter, und los gehts.

Wer denkt, dass es abends hier ruhiger zugehen müsste – schließ-

NORDUFER

lich ist Starkwindsurfen ganz schön anstrengend –, irrt. In den Pubs des kleinen Ortes geht noch ganz schön was ab, am Wochenende bis in die Morgenstunden. Wer als Nichtsurfer in Torbole Urlaub macht, fühlt sich manchmal schon etwas verloren, denn am Strand und am Tresen gibt es praktisch nur ein Thema: der Wind, das Brett, die Ausrüstung.

Die Doppelgemeinde Torbole-Nago (2300 Ew.) gehört zum Trentino. Den schönsten Blick auf den See hat, wer die Straße von Nago herunterfährt und bei den eiszeitlichen Gletscherhöhlen, den *Marmitte dei Giganti,* auf dem Parkplatz in der Haarnadelkurve anhält. In seiner ganzen Schönheit – und Länge – liegt der See hier unter Ihnen, eingebettet in die hoch aufragenden Berge des Nordufers.

SEHENSWERTES

Casa Beust
In dem markanten roten Haus am Hafen trafen sich früher Künstler, der deutsche Maler Johannes Lietzmann gründete dort um die Jahrhundertwende sogar eine Schule für Aktmalerei. Am Haus sieht man, so gerade noch, ein Fresko Lietzmanns. Es zeigt den hl. Antonius, verblasst aber leider zusehends.

ESSEN & TRINKEN

Casa Beust
Dass die winzige *spremuta* (frisch gepresster Orangensaft) 3,50 Euro kostet – das ist eben der Aufpreis, wenn man den besten Platz ergattern will, um den Surfern zuzusehen. Die Fischgerichte haben aber normale Preise. *Mi geschl., Via Benaco 13, Tel. 04 64 50 55 76, €€*

Ca' Rossa
Das rustikale Lokal liegt auf der anderen Seite der Sarca, im Ortsteil Linfano. Besonders gut ist der im Brotteig gebackene Fisch. *Mi geschl., Via Linfano 45, Tel. 04 64 50 54 27, €–€€*

Hotel Centrale
Hier wird richtig gut gekocht, sei es Fisch oder einfach nur Pizza, und auch die vielfältigen *antipasti* munden. Hübsch sitzt man hier zudem unter einer großen Markise mit Blick auf die Piazza. *Mi geschl., Piazza Vittorio Veneto 12, Tel. 04 64 50 52 34, €€*

Surfers Grill
Die hungrigen Surfer müssen es ja wissen: Sie belagern dieses Restaurant, in dem es – der Name ist Programm – hauptsächlich Grillspezialitäten gibt. *Mo geschl., Via Sarca Vecchio 5, Tel. 04 64 50 59 30, €€*

La Terrazza
Dieses feinere Restaurant hat zwar auch über Mittag geöffnet, aber am schönsten ist es dort abends. Zu den (leider nicht ganz billigen) Fischspezialitäten gibt es den wunderbaren Sonnenuntergang gratis dazu. Rechtzeitig reservieren! *Di geschl., Via Benaco 14, Tel. 04 64 50 60 83, €€€*

Villa Cian
Hier trifft sich ein eher junges Publikum – sowohl tagsüber als auch abends – zu Pizza und Pasta und natürlich zu dem genialen Seeblick. Eines der wenigen Lokale direkt am Ufer. Viel Partylife. *Di geschl., Via Foci del Sarca 11, Tel. 04 64 50 50 92, €€*

TORBOLE

ÜBERNACHTEN

Camping
Da Surfer ihr Geld lieber in ein neues Brett als in ein teures Bett stecken, reisen viele mit Wohnmobilen oder mit dem Zelt. Daher gibt es in Torbole einige Campingplätze, darunter *Europa (Tel. 04 64 50 58 88)* sowie die einfacheren Plätze *Al Cor (Tel. 04 64 50 52 22)* und *Al Porto (Tel. 04 64 50 58 91, www.campingalporto.it)*

Caravel
Das große Hotel gibt es schon seit über 25 Jahren, nun wurde es elegant renoviert. Schön sind die Zimmer in den oberen Stockwerken, manche mit Seeblick. *75 Zi., Via Coize 2, Tel. 04 64 50 57 24, Fax 04 64 50 59 35, www.effetravel.com, €€–€€€*

Geier
Hier wohnen Sie direkt am einstigen venezianischen Hafen von Torbole, gleich gegenüber vom alten Zollhaus. Hinter dem Haus liegt ein kleiner, ruhiger Garten. *37 Zi., Via Benaco 15, Tel. 04 64 50 51 31, Fax 04 64 50 59 46, €€*

Lido Blu
Vom See aus – also vom Surfbrett oder vom Fährschiff – kann man die perfekte Lage des Hotels bei der Sarcamündung direkt am Strand am besten bewundern. Kein Wunder also, dass hier Surfer gerne absteigen. Vom Balkon aus kann man den Blick über den See in fast seiner ganzen Länge genießen. Schwimmbad und Sauna im Haus. *40 Zi., Via Foci del Sarca 1, Tel. 04 64 50 51 80, Fax 04 64 50 59 31, www.lidoblu.it, €€€*

Clubhotel La Vela
Wer hier absteigt, möchte sich nicht nur auf dem Brett schinden. Das Angebot – Pool, Wassermassage und Sauna – spricht Sportler an, denen der Sinn nach etwas Luxus steht. Das Sporthotel bietet auch Wohnungen an. *39 Zi., Via Strada Grande 2, Tel. 04 64 50 59 40, Fax 04 64 55 42 49, www.effetravel.com, €€–€€€*

Villa Clara
Das Hotel garni liegt 200 m vom Strand und Zentrum entfernt. Es bietet einfache Zimmer, aber auch einen Fitnessraum und einen kleinen Garten sowie Abstellplätze für Bikes und Surfbretter und eine Garage für Motorräder. *24 Zi., Via Matteotti 13, Tel. 04 64 50 51 41, Fax 04 64 50 62 41, www.villaclara.it, €–€€*

SPORT & STRÄNDE

Baden
In der Nähe des Ortskerns beginnt ein langer, freier Kiesstrand, der sich in Richtung Riva bis zur Sarca hinzieht.

Fahrradverleih
Carpentari Sport (Via Matteotti 16, Tel. 04 64 50 55 00, www.carpentari.com); 3-S Bike Scott Tour and Test Center (Via Matteotti 25b, Tel. 04 64 50 60 77, www.3S-bike.de)

Surfen
Kurse und Brettverleih beim *Windsurfing Center Conca d'Oro* am Yachthafen *(Tel. 04 64 50 62 51, www.concasurf.it)* und bei *Surf Segnana (Foci del Sarca, Tel. 04 64 50 59 63, Fax 04 64 50 54 98, www.surfsegnana.it).*

NORDUFER

Wandern

Insider Tipp Ein abenteuerlicher Wanderweg führt oberhalb von Torbole am Ufer entlang in rund drei Stunden nach Süden bis Tempesta. Mit Eisenleitern und Treppen am Fels ist er zwar kein richtiger Klettersteig, aber schwindelfrei sollten Sie schon sein. Zurück geht es mit dem Linienbus.

AM ABEND

Die Surferszene trifft sich am frühen Abend an den Straßentischen der Piazza Vittorio Veneto. Später zieht man durch die Bars des Orts. Im Diskopub *Conca d'Oro (Do–So 22–4 Uhr, Lungolago Verona 2)* gibts jeden Freitag Livemusik.

AUSKUNFT

Lungolago Verona 19, Tel. 04 64 50 51 77, Fax 04 64 50 56 43, www.gardatrentino.it

ZIELE IN DER UMGEBUNG

Monte Brione [118–119 C–D3]
Der mächtige, 376 m hohe Kalkriegel trennt Torbole und Riva. Wanderwege führen hinauf. Der merkwürdigste Aussichtsplatz überm Gardasee ist dort oben ein Bunker, den 1860 die Österreicher bauten, denn das Nordufer gehörte bis 1918 zum Kaiserreich.

Nago [119 D3]
Im an Torbole anschließenden Nago geht es links beschildert zum Castello, den Ruinen von *Schloss Penede*. Die Ruine wird zurzeit renoviert, man kommt nicht hinein. Der Spaziergang lohnt sich aber wegen der schönen Aussicht.

Rovereto [119 E–F3]
In das Städtchen (34 000 Ew.) im Etschtal lockt ein in zweierlei Hinsicht hochmodernes Museum: Im ★ *Museo di Arte Moderna e Contemporanea di Trento e Rovereto MART (Di–So 10–18, Mi und Fr bis 22.30 Uhr, www.mart.trento.it, Corso Bettini 43)* wird moderne Kunst gezeigt; der Schwerpunkt liegt auf der italienischen Kunst des 20. und 21. Jhs. Ein weiterer Grund, sich dieses Museum anzusehen, ist der vom Tessiner Stararchitekten Mario Botta entworfene Bau.

Torbole ist ohne Zweifel die Metropole der Surfer am Gardasee

OSTUFER

Altstadtgassen und Vergnügungsparks

Die »Olivenriviera« könnte ebenso gut Weinriviera heißen

Beim viergeteilten See beginnt das Ostufer dort, wo die Autofähre anlegt, in Torri del Benaco, und erstreckt sich über Garda, Bardolino und Lazise bis an den Südostzipfel bei Peschiera. Olivenriviera wird dieser Teil des Sees genannt, ein Begriff, der ganz wunderbar passt: So weit das Auge reicht, flirren die silbrigen Blätter im goldenen Sonnenlicht. Zugegeben, Weinriviera hätte der Uferabschnitt auch heißen können, denn wo gerade keine Olivenplantage mit Trockenmäuerchen und Steinterrassen angelegt wurde, wächst bestimmt eine Weinrebe. Genau genommen werden die Olivenbäume sogar immer weniger, denn die Arbeit des Olivenerntens ist so mühsam, dass sich kaum noch junge Leute finden, die diese verrichten möchten. Mit bis zu 8 m langen Leitern – aus einem einzigen Baumstamm gefertigt – muss man in die Baumkronen steigen, die Oliven von den Ästen abstreifen und sie dann aus den Netzen auflesen, die auf dem Boden ausgebreitet liegen. Wie viel einfacher ist es dagegen, Eisbecher zu servieren ...

Windgeschützt und sonnig: die Bucht von San Vigilio bei Garda

Von ganz vereinzelten Übernachtungsbetrieben, die Poststationen waren, gab es auf dieser Seeseite bis in die Mitte des 20. Jhs. praktisch keine Hotels. Erst in den Sechzigerjahren flutete der Strom der schon damals vorwiegend deutschen Touristen gen Süden. In manch einfacherem Hotel kann man noch nachempfinden, wie der Urlaub in den Sechzigerjahren in Italien gewesen sein muss: Ein (glücklicherweise meist kleiner) Hotelklotz wurde in bester Lage direkt an den See gebaut. Es gab fließend kaltes und sogar warmes Wasser im Zimmer, Etagenduschen und deutschen Kaffee zum Frühstück.

Selbstverständlich findet man heute an der Olivenriviera auch luxuriöse Unterkünfte. Zwar nicht in alten Grandhotels, wie am gegenüberliegenden Ufer, sondern in modernen Anlagen, die dafür aber über Swimmingpools und Beautyfarmen, Tennisplätze und Zimmer mit riesigen Bädern verfügen. Um so zu wohnen, müssen Sie allerdings den Ortskern verlassen. Denn die Städte am Ufer sind zu klein, um Platz für solche Hotels zu bieten. Torri del Benaco gruppiert sich dicht um den alten Hafen, Garda geht schon etwas mehr in die Brei-

BARDOLINO

Olivenölmuseum Cisano: uralte Pressen und jungfräuliches Öl

te, aber auch hier ist der Raum begrenzt. Bardolino ist der größte Ort hier; das kleine Seedorf Lazise bildet den geruhsamen Abschluss der Gardesana Orientale.

Die flachen Strände haben schon immer Familienurlauber angezogen, doch anscheinend reichten den Kindern lange Strände und Tretboote irgendwann nicht mehr aus: Im Süden des Sees entstanden riesige Vergnügungsparks, der bekannteste – aber längst nicht mehr der einzige – ist Gardaland.

BARDOLINO

 Karte in der hinteren Umschlagklappe

[122 C3] Wer nur einen Ort am Gardasee kennt, kennt vermutlich Bardolino; hier hat der deutsche Tourismus Tradition. Und auch, wer den Gardasee gar nicht kennt, hat diesen Namen vielleicht schon gehört: Schließlich heißt so auch der Wein, der in der sanften Hügellandschaft hinter dem Ort angebaut wird. Bardolino liegt am südlichen Ostufer, an der so genannten Riviera degli Olivi, denn außer Wein gedeihen hier auch vorzügliche Oliven.

Dieser Landstrich war schon zur Bronzezeit besiedelt. Die Römer gründeten eine Stadt, im Mittelalter war Bardolino eine freie Gemeinde, dann herrschten die Scaliger. Die Altstadt von Bardolino (6200 Ew.) ist größer als in den anderen Orten der Olivenriviera, breite Gassen kreuzen einander, die Geschäfte sind fast bis Mitternacht geöffnet. Tag und Nacht – ausgenommen die Siesta in der Mittagshitze – strömen Menschenmassen durch die Altstadt. Auf der ★ *Piazza Principe Amedeo,* die sich von der Pfarrkirche zum See hinunterzieht, brodelt das Leben. Wer einen ruhigen Urlaub im Sinn hat, sollte besser woanders hinfahren – in Bardolino geht der Bär ab.

OSTUFER

SEHENSWERTES

San Severo
★ Die kleine romanische Kirche liegt an der Durchfahrtsstraße. Der harmonische Bau ist auf die ältere Krypta aus dem 8. Jh. aufgebaut, zu sehen sind auch Fresken mit Szenen aus der Apokalypse aus der ersten Hälfte des 12. Jhs.

San Zeno
Die Kirche liegt etwas versteckt jenseits der Gardesana Orientale in einem Gehöft in der Via San Zeno. Die Mauern stammen noch aus dem 9. Jh. – das Gotteshaus zählt somit zu den ältesten Kirchen ganz Norditaliens.

MUSEEN

Museo dell'Olio di Oliva *(Insider Tipp)*
2 km südlich in Bardolinos Ortsteil Cisano können Sie im Olivenölmuseum nicht nur gutes Olivenöl kaufen, sondern sich auch umfassend darüber informieren, wie Olivenöl hergestellt wurde und wird. Nicht verpassen: das Video (auch auf Deutsch)! *Mo–Sa 9–12.30 und 14.30–19, So 9–12.30 Uhr; Via Peschiera 54, www.museum.it*

Museo del Vino
Eigentlich ist es ein Trick: Eine Weinkellerei sammelt alte Weinpressen und Abfüllanlagen, demonstriert so die Weinherstellung und nennt das Ganze Weinmuseum. Im Grunde steckt dahinter einfach eine Kellerei mit Weinverkostung – trotzdem interessant. *So–Fr 8–12 und 14–18, Sa 9–12 Uhr; Via Costabella 9*

ESSEN & TRINKEN

Al Commercio
»Hier machen wir keine Pizza«, hat *(Insider Tipp)* Renato Prete in den Schaukasten des Commercio geschrieben. Unkorrumpiert vom schnellen Pizzageld, serviert er gediegene Küche: viel Fisch vom Grill, frische Salate, die nicht nur aus geraspelten Möhren bestehen, und seine Weinkarte ist auch umfangreich genug. *Di*

MARCO POLO Highlights »Ostufer«

★ **Punta San Vigilio**
In der Bucht der Sirenen kann man zum Luxuspreis baden, etwas weniger kostet der Cappuccino im kleinen Hafen (Seite 54)

★ **Piazza Principe Amedeo**
Nachtschwärmer lieben die Piazza von Bardolino (Seite 46)

★ **San Severo**
In der romanischen Kirche in Bardolino sind Fresken aus der ersten Hälfte des 12. Jhs. zu sehen (Seite 47)

★ **Arena**
Die größten italienischen Opern in volkstümlicher Atmosphäre unter freiem Himmel in Verona (Seite 58)

BARDOLINO

geschl., Via Solferino 1, Tel. 04 57 21 11 83, €€

Enoteca del Bardolino
Insider Tipp

🏃 So ein Lokal hat Bardolino gefehlt! Auf der Piazza sitzt man schick und schaut, drinnen treffen sich die – jungen – Einheimischen. Zur großen Weinauswahl lokaler Produzenten werden kleine Speisen gereicht, Polenta, Aufschnitt- und Käseplatten, *caprese* (Tomaten mit Mozzarella) und auch Früchte. *Mo geschl., Piazza Principe Amedeo 3–4, Tel. 04 57 21 15 85, €*

Il Giardino delle Esperidi
Das Restaurant in der Altstadt ist immer noch eine führende Adresse. Mittlerweile mit einer angegliederten *enoteca,* in der auch Weinproben stattfinden. *Mi-Mittag und Di geschl., Via Mameli 1, Tel. 04 56 21 04 77, €€€*

La Loggia Rambaldi
Obwohl das Restaurant direkt am See liegt, geht es hier gelassen und gehoben zu. Die Pizza ist kross, Fisch und Pasta gibt es in großer Auswahl. Schade, dass so oft schönes Wetter ist: Sonst könnte man drinnen essen – das Lokal ist in einem Palazzo aus dem 17. Jh. untergebracht. *Di geschl., Piazza Principe Amedeo 7, Tel. 04 56 21 00 91, €€–€€€*

Ai Platani di San Severo
Noch einmal hat der Besitzer des einst gerühmten »Aurora« gewechselt. Nun kann man außer auf der Terrasse auch gleich neben der romanischen Kirche auf der Piazzetta sitzen. Probieren Sie den Vorspeisenteller! *Mi geschl., Piazetta San Severo, Tel. 04 57 21 00 38, €€*

San Martino
Serviert wird typische Gardaseeküche, etwas gehoben, außerdem viele Salate. Man sitzt etwas abseits in einer ruhigeren Seitengasse oder im netten, kleinen Garten. Sollte es mal regnen: Der Saal bietet gediegenes Ambiente. *Tgl., Via San Martino 8, Tel. 04 56 21 24 89, €€*

EINKAUFEN

Cantine Lenotti
Der Familienbetrieb keltert seit 1906 Wein. Unter der Markenbezeichnung »Le Selezioni di Lenotti« werden exzellente, natürlich nicht ganz billige Weine angeboten, es gibt aber auch ordentliche Alltagsweine, darunter Bardolino, Soave und Lugana. *Via Santa Cristina 1, www.lenotti.com*

Il Coccio
Insider Tipp

Sergio Velini und sein Sohn Riccardo fertigen Keramikwaren auf Bestellung: Türschilder, Vasen und sogar Böden, alles handdekoriert und kunstvoll gearbeitet. Es gibt auch Geschirr – für den kleineren Geldbeutel. *Borgo Garibaldi 52*

Markt
Jeden Donnerstag Markt auf der *Piazza bei der Kirche,* einer der größten am See.

Tre Colline
In der Azienda Agricola Tre Colline in Calmasino wird neben Bardolino auch ein im Barrique, dem kleinen Eichenfass, gelagerter Cabernet-Sauvignon produziert. Außerdem gibt es in dem hübschen Laden in der Altstadt von Bardolino Olivenöl, Oliven und Honig, alles aus eigener Herstellung. *Via Verdi 8*

OSTUFER

ÜBERNACHTEN

Alighieri
Unweit des Sees gelegen. Wer auch mal selbst kochen möchte: Jedes Apartment hat eine Kochecke. Die Wohnungen sind ziemlich klein, die Terrassen dafür umso geräumiger. *12 Apartments, Via Dante Alighieri 48, Tel. 04 57 21 19 88, Fax 04 56 22 82 83, €€*

Cisano
Gleich mehrere Pools stehen auf diesem Campingplatz zur Auswahl, und das, obwohl er direkt am See liegt. *Ortsteil Cisano, Via Peschiera 48, Tel. 04 56 22 90 98, Fax 04 56 22 90 59, cisano@campingcisano.it, €€*

Pension Milani
Die Zimmer sind zwar sehr einfach, und einige haben auch nur Duschen auf dem Gang, doch billiger wird man in Bardolino kaum wohnen können. Und sauber ist es auch. Bekannter als die Pension ist das gleichnamige Restaurant im Haus; hier gibt es vor allem Fischspezialitäten. *12 Zi., Via San Colombano 11, Tel. 04 56 21 11 11, Fax 04 56 22 83 45, €*

Nettuno
Ein paar Minuten müssen Sie gehen, wenn Sie in die Altstadt von Bardolino möchten, aber dafür hat man den See vor der Tür, und einen Pool. *63 Zi., Via Dante Alighieri 25, Tel. 04 56 21 01 23, Fax 04 56 21 04 20, hotels@europlan.it, €€€*

Hotel Quattro Stagioni
Ein recht großes Hotel, aber dennoch familiär geführt. Besonders beliebt, seit vor einigen Jahren in den Garten ein Pool eingebaut wurde – so zentral in der Altstadt findet man das sonst nicht. *36 Zi., Borgo Garibaldi 23, Tel. 04 57 21 00 36, Fax 04 57 21 10 17, www.hotel4stagioni.com, €€ – €€€*

San Vito
Campingplatz mit riesigem Pool und auch sonst gut ausgestattet, dafür nicht direkt am See. *Ortsteil Cisano, Via Pralesi 3, Tel. 04 56 22 90 26, Fax 04 56 22 90 59*

Al Sole
In der einfachen Pension ein paar Gehminuten vom See fühlen sich Familien wohl. Großer Garten. *18 Zi., Via San Colombano 5, Tel.*

Riviera Card

Fragen Sie nach der »Schnäppchenkarte«, wenn Sie an der Olivenriviera logieren

Bei der Ankunft im Hotel in einem Ort an der Olivenriviera wird Ihnen die kostenlose Riviera Card ausgehändigt. Mit dieser bekommen Sie Vergünstigungen, etwa in Vergnügungsparks und Tiergärten, auf Schiffen und Fähren, für die Fahrt mit der Seilbahn und beim Eintritt in einigen Museen. Nicht jeder Hotelier verteilt sie automatisch, fragen Sie danach!

BARDOLINO

04 57 21 08 22, Fax 04 57 21 02 42, www.hotelbardolino.it, € – € €

SPORT & STRÄNDE

Baden
Im Ort selbst kann man schlecht baden, doch nördlich und südlich der Altstadt ziehen sich einige Strände am Ufer entlang. In Richtung Cisano gibt es einen schattenlosen Felsstrand mit Picknickplätzen auf dem Grünstreifen der Strandpromenade. Die dem Zentrum am nächsten gelegene Badegelegenheit ist die *Punta Cornicello*. Der kleine, freie Kiesstrand in der Nähe der Via Ugo Foscolo hat auch einen Kinderspielplatz. Geht man an der Punta Cornicello weiter Richtung Garda, zieht sich ein langer Strandbereich hin, der zu Fuß auf der Seepromenade zu erreichen ist. Überall ist der Eintritt frei, aber fast überall fällt das Wasser sofort steil ab.

Fahrradverleih
Bici-Center, Via Marconi 60, Tel. 04 57 21 10 53

Segeln
Centro Nautico, Via Dante Alighieri 26 (im Yachtclub), Tel. 04 57 21 11 09

AM ABEND

Hollywood
🏃 Die Diskothek liegt etwas oberhalb von Bardolino, was junge Nachtschwärmer nicht davon abhält, sie am Wochenende zu erstürmen. Schön ist vor allem der Bereich im Freien. Geöffnet ist ab 22 Uhr, aber vor 23 Uhr ist nichts los. *Via Montavoletta 11*

Konzerte
Im Hochsommer wird jeden Mittwoch um 21.30 Uhr auf den Stufen der Kirche auf der Piazza Matteotti klassische Musik aufgeführt.

Osteria Franciscus *Insider Tipp*
🏃 Zahlreiche Tische im Freien, und doch findet man meistens noch einen Platz, jedenfalls vor 22 Uhr. Dann füllt sich die Osteria langsam, vor allem mit einheimischem, jugendlichem Publikum. Das Essen spielt hier eine untergeordnete Rolle, es gibt Livemusik und Bier vom Fass. *Di geschl., Via Verdi 11*

AUSKUNFT

Piazzale Aldo Moro 5, Tel. 04 57 21 00 78, Fax 04 57 21 08 72, www.comune.bardolino.vr.it

ZIELE IN DER UMGEBUNG

Strada del Vino [122–123 C–D 3–5]
Eine Route, die einer nicht so richtig wird genießen können: der Fahrer … Die Weinstraße beginnt etwas nördlich von Bardolino und führt über Affi, Pastrengo und Castelnuovo in Richtung Peschiera. Bei mehr als 40 Winzern und Produzenten kann man nicht nur Wein einkaufen, sondern auch verkosten. Hier einige Adressen, falls Sie nicht die ganze Straße abfahren möchten: *Ca' Bottura (Bardolino, Via San Colombano 51, Tel. 04 57 21 17 70); Costadoro (Bardolino, Via Costadoro, Tel. 04 57 21 16 68); Ca' Vecia (Bardolino, Ortsteil Ca' Vecia, Tel. 04 56 21 23 21); Villabella (Calmasino, Ortsteil Ca' Nova 2, Tel. 04 57 23 64 48); Canevini (Garda, Via degli Alpini 5, Tel.*

OSTUFER

04 57 25 62 48). Internet: *www.winebardolino.it*

Uferpromenade [122 C3]
Eine einstündige Wanderung führt am See entlang nach Garda. Es gibt viele Strände unterwegs, vergessen Sie das Badezeug nicht! Am Ortsausgang verlässt der Weg für kurze Zeit das Seeufer und führt etwas landeinwärts weiter. Hier kommt man an einem einzeln stehenden, roten Haus vorbei, dem städtischen Seniorentreffpunkt. Abgesehen davon, dass es hier immer ausgesprochen fröhlich zugeht, hat das Haus eine interessante Vergangenheit: Es war einst der Bahnhof von Bardolino, als noch eine Zuglinie von Verona nach Garda führte.

GARDA

[122 C3] Garda hat 3500 Ew. und zieht sich in der weiten Bucht zwischen der Punta San Vigilio und der Rocca entlang. In seiner hübschen, autofreien Altstadt flanieren Einheimische und Besucher gleichermaßen gerne. Am Ufer wartet ein Café neben dem anderen. Eng geht es in den Altstadtgassen zu, auf den Hauptachsen herrscht manchmal ziemliches Getümmel; aber biegt man einmal ab und geht ein paar Schritte weg von den Läden, entdeckt man noch ruhige Winkel. Abends wird es dann stiller, gemütlich sitzt man in den Cafés am Lungolago Adelaide.

Schon 768 hatte Karl der Große Garda zur Grafschaft erhoben, von da an wurde der See nach diesem Ort benannt und nicht mehr wie zuvor lateinisch Benacus. Auf der Rocca di Garda, über 200 m überm See, stand die Burg. Heute sind von ihr nur noch Ruinen übrig.

SEHENSWERTES

Palazzo del Capitano della Serenissima
Die gotischen Spitzbogenfenster verraten es: Der reizende Palazzo stammt aus venezianischer Zeit. Er

Markanter Blickpunkt in Garda: der Felsen mit den Ruinen der Rocca di Garda

Garda

war der Sitz des Beamten der »Serenissima«, wie Venedig genannt wurde, der dem Rat der Uferstädte vorstand. Ursprünglich befand sich direkt davor der Hafen (so wie es noch in Lazise zu sehen ist), doch das alte Becken wurde für einen Platz aufgeschüttet, auf dem sich nun die Fußgänger tummeln. *Piazza Catullo*

Rocca di Garda

↙ Das Wort Garda leitet sich vom germanischen *wardon* ab, das beobachten bedeutet, wie im Wort »Warte« noch zu erkennen ist. Und von dieser hohen Warte – der Felsen liegt 200 m über dem See – hat man einen guten Ausblick. Heute erfreut das die Besucher, früher war daran den Herrschern gelegen, die mit der Burg eine für Jahrhunderte uneinnehmbare Festung gebaut hatten. Hinter der Pfarrkirche Santa Maria Maggiore führt ein ausgeschilderter Wanderweg auf die Burg, von der nur noch wenige Mauerreste zu sehen sind. Auffällig: ein gemauerter Sitzplatz, fast ein Thron.

Santa Maria Maggiore

Die Pfarrkirche Gardas liegt außerhalb der ursprünglichen Stadtmauern. Vermutlich war der langobardische Vorgängerbau aus dem 8. Jh. die Burgkapelle, denn die Kirche liegt direkt unterhalb der Rocca. Sehenswert ist der Kreuzgang aus dem 15. Jh. *Piazzale Roma 11* [Inside Tipp]

Villa Albertini

Die dunkelrote Villa am nördlichen Ortseingang mit ihren markanten, historisierend ghibellinischen Zinnentürmen ist nicht zu übersehen. Sie ist nur von außen zu besichtigen.

ESSEN & TRINKEN

Ai Beati [Inside Tipp]

↙ Das Restaurant liegt oben am Berg, man zweigt von der Straße

Am Ortseingang steht die Villa Albertini mit ihren markanten Zinnentürmen

OSTUFER

nach Costermano beim Schild »Ai Beati« links ab. Traumhaft ist der Blick, um Klassen besser, aber nur unwesentlich teurer als unten am See isst man in der umgebauten Ölmühle. *Tgl., Via Val Mor 57, Tel. 04 57 25 57 80, €€€*

Miralago
Die Spezialität des Hauses sind Meeresfische. Das alleine ist noch keine Besonderheit. Eher schon die Austern, diese findet man in Restaurants am Gardasee selten. Zweimal wöchentlich werden sie aus Chioggia an der Adria angeliefert. Zum Restaurant gehört ein kleines Hotel. *Mo geschl., Lungolago Regina Adelaide 52, Tel. 04 57 25 51 98, €€*

EINKAUFEN

Markt
Jeden Freitagvormittag Markt entlang der Uferstraße *Lungolago Regina Adelaide.*

La Pescheria
Wenn Sie in einem Apartment wohnen oder auf dem Campingplatz eine Möglichkeit zum Kochen haben – hier gibt es frischen Seefisch. Die Fischerkooperative wurde 1942 gegründet. *Nur vormittags geöffnet, Via delle Antiche Mura 8*

ÜBERNACHTEN

Gabbiano
Das recht nüchterne Hotel liegt etwas außerhalb, zwischen Garda und der Punta San Vigilio. Dafür hat der Swimmingpool eine vernünftige Größe, und man kann sich im Schatten von Olivenbäumen ausstrecken. *32 Zi., Via dei Cipressi 24, Tel. 04 57 25 66 55, Fax 04 57 25 53 63, hotelgabbianogarda@libero.it, €*

Piccolo Hotel
Ganz versteckt in einer Ecke liegt das »Kleine Hotel«, das am historischen Hauptplatz von Garda in einen alten Palazzo einzog. *10 Zi., Piazza Catullo 11/12, Tel./Fax 04 57 25 52 56, €€*

Tre Corone
1860 wurde dieses Hotel als Poststation eröffnet, die erste Unterkunft überhaupt in dieser Ecke des Sees. Schon im Baedeker von 1895 wird es erwähnt. Heute ist es ein Mittelklassehotel; Seeblick von vielen Zimmern. *26 Zi., Lungolago Regina Adelaide 54, Tel. 04 57 25 53 36, Fax 04 57 25 50 33, €€*

SPORT & STRÄNDE

Baden
Nördlich von Garda befindet sich ein langer, schmaler Kiesstrand, beliebter Treffpunkt der einheimischen Jugend. Eintritt frei, kaum Parkplätze.

Reiten
Equitazione Rossar, Ortsteil Marciaga, Tel. 04 56 27 90 20, Fax 04 56 20 11 88, www.rossar.it

Segeln
Circolo Velico, Tel. 04 57 25 63 77

Vespaverleih
Noleggio Due Ruote, Corso Italia 80, Tel. 04 56 27 04 20

AM ABEND

Wie in allen Gardaseeorten trifft man sich abends einfach auf den

GARDA

Straßen und Plätzen und in jeder x-beliebigen Bar.

Papillon
🏃 In dieser Music Bar gibt es unregelmäßig Livemusik. *Via delle Antiche Mura 26*

Taverna Fregoso
Wen spätabends der Hunger packt, der kann hier noch Pizza bestellen. Allerdings: Nach Mitternacht wird ein Aufschlag von 15 Prozent berechnet. *Corso Vittorio Emanuele 35*

AUSKUNFT

Lungolago Regina Adelaide 13, Tel. 04 57 25 52 79, Fax 04 57 25 52 55, iatgarda@provincia.vr.it

ZIELE IN DER UMGEBUNG

Cimitero Militare Tedesco (Deutscher Soldatenfriedhof) [122 C3]
In Costermano, 4 km im Hinterland, befindet sich ein deutscher Soldatenfriedhof aus dem Zweiten Weltkrieg, der drittgrößte Italiens. 22 000 Tote ruhen hier, gefallen an verschiedenen Orten in Norditalien. Man fährt kurz vor Beginn des Ortes rechts ab (ausgeschildert).

Eremo di Rocca [122 C3]
Die Einsiedelei der Kamaldulenser, erbaut 1673, erreichen Sie in einer einstündigen Wanderung von Garda (von der Rocca di Garda in einer Viertelstunde). Das Kloster wird heute noch von acht Kamaldulensermönchen bewohnt.

Isola di Garda [122 A–B2]
Die einzige größere Insel im Gardasee ist in Privatbesitz und war Besuchern lange verschlossen – nun aber kann man sie besuchen. Dort sollen schon der heilige Franziskus, der heilige Antonius von Padua und der heilige Bernhard von Siena gelebt haben, möglicherweise sogar Dante Alighieri. Die pittoreske Villa auf der Insel wurde Anfang des 20. Jhs. im neogotischen Stil erbaut. Im Park spaziert man unter exotischen Bäumen und zwischen riesigen Zypressen. Im Sommer, von Mai bis September, gibt es eine *Kreuzfahrt (Mo, Mi, Fr ab 9.45 Uhr)* von Garda zur Insel. Der Ticketpreis von 29 Euro schließt eine Führung und eine Verkostung lokaler Produkte ein.

Orto Botanico di Monte Baldo [123 E1]
Ein botanischer Garten, der an Stelle eines alten Forstgartens errichtet wurde. Auf die Einfuhr von Pflanzen aus anderen Breitengraden wurde verzichtet, es gibt ==nur heimische Arten.== Damit will man der reichen Flora des Monte Baldo gerecht werden, der auch »Garten Europas« genannt wird. Anfahrt: über Caprino Veronese und dann weiter nach Spiazzi, Ferrara di Monte Baldo und Novezzina (insgesamt ca. 20 km). *Mai–Mitte Sept. tgl. 9–18 Uhr, Anmeldungen für Führungen (auch in deutscher Sprache) unter Tel. 04 56 24 70 65*

Inside Tipp

Punta San Vigilio [122 B3]
★ Die Halbinsel liegt gleich westlich von Garda. Ein großer Olivenhain säumt die reizende Bucht Baia delle Sirene, dort können Sie baden zum Luxuspreis *(Eintritt 9 Euro)*. Es gibt auch ein Kinderunterhaltungsprogramm *(Eintritt 4 Euro)*. Nördlich davon gibt es einen freien Strand mit ziemlich vielen Felsen. 1540

OSTUFER

Lazises beschaulicher Hafen war einst ein wichtiger Warenumschlagplatz

baute der berühmte Festungsbaumeister Michele Sanmicheli auf der Landzunge die *Villa Guarienti-Brenzone*. Wer es sich leisten kann, nächtigt in der *Locanda San Vigilio (7 Zi., Tel. 04 57 25 66 88, Fax 04 57 25 65 51, www.punta-sanvigilio.it, €€€)*. Bei kleinerem Geldbeutel kann man hier zumindest einen Cappuccino oder einen Campari trinken.

San Zeno di Montagna [122 C2]
Eine aussichtsreiche Straße führt von Garda über Costermano ins 25 km nördlich gelegene Bergdorf San Zeno. Die Fahrt lohnt sich vor allem, wenn Sie vorzüglich speisen möchten, denn einkehren kann man hier vom Feinsten: in der an einer Haarnadelkurve gelegenen *Casa degli Spiriti (Straße Costermano–San Zeno di Montagna, Mo und in der Woche mittags geschl., Tel. 04 56 20 07 66, €€€)*.

Wunderschön ist der Ausblick von Speisesaal und Terrasse hinunter auf den See, die Küche ist mehrfach ausgezeichnet. San Zeno ist kein beschauliches Bergdorf, wie der weite Weg vermuten lässt, sondern ein Wintersportort. Übernachten können Sie z. B. im *Albergo Costabella (28 Zi., Via degli Alpini 1, Tel. 04 57 28 50 46, Fax 04 56 28 99 21, €)*, essen im *Albergo Ristorante Al Cacciatore (Mo geschl., Prada Bassa, Tel. 04 57 28 51 39, €)*.

LAZISE

[122 C4] Das Dörfchen (1000 Ew.) scheint sich gegen Besucher zu wehren; der Altstadtkern ist noch vollständig umgürtet von der Stadtbefestigung von 1370, nur durch drei Stadttore gelangt man hinein. Hier geht es bedeutend ruhiger zu als in allen anderen Orten am Ost-

LAZISE

ufer. Umso reizender präsentiert sich die hübsche Altstadt mit der ungewöhnlich großen Piazza. Unter der Herrschaft der Venezianer war Lazise ein bedeutender Handelsort. Noch heute sichtbares Zeichen dieser Zeit ist das Zollgebäude am Hafen, von dem aus Venedig den Warenverkehr am See kontrollierte.

SEHENSWERTES

San Nicolò
Die Kirche aus dem 12. Jh. steht direkt am Hafen. Sie war säkularisiert und wurde zeitweise als Theater genutzt. Heute kann man die restaurierten Fresken wieder betrachten.

Scaligerkastell
Das Kastell stammt aus dem 12. und 13. Jh. Es kann nur von außen besichtigt werden, da es in Privatbesitz ist. Um den wichtigen Hafen von Lazise zu sichern, wurde das Scaligerkastell als Festung benutzt.

Stadtmauer
Dass Lazises Altstadt noch nahezu vollständig ummauert ist, hat historische Gründe: Gegen die starke Macht der Mailänder baute Venedig seine Stellungen am Gardasee immer weiter aus.

ESSEN & TRINKEN

Antico Caffè Lazise
Das traditionsreichste Café von Lazise liegt an der großzügigen *Piazza Vittorio Emanuele 1.*

La Forgia
In die »Schmiede« ist ein Fischrestaurant eingezogen, Küchenchef Omero Rossignoli hat sich auf Meeresfisch spezialisiert. Vom Grill, versteht sich: Offenes Feuer gehört sich schließlich für eine Schmiede. *Mo geschl., Via Calle 1, Tel. 04 57 58 02 87, €€€*

Kambusa
Das Restaurant von Sergio Bertoldi liegt etwas versteckt und deshalb nicht so überlaufen. Hier trifft man noch Einheimische, die vor allem die Risottogerichte schätzen. *Mo geschl., Via Calle 20, Tel. 04 57 58 01 58, €€*

Taverna da Oreste
Das Schönste ist der riesige Kamin im Saal; hier werden Grillgerichte direkt vor den Augen der Gäste zubereitet. Zum Essen trinkt man hauseigenen Wein, den Salat würzt man mit hauseigenem Olivenöl. *Mi geschl., Via Fontana 32, Tel. 04 57 58 00 19, €€*

EINKAUFEN

Boncugiar
Hier gibt es frische Pasta zum Selberkochen, aber auch gute Pizza zum Mitnehmen. *Via Porta 5*

Markt
Jeden Mittwochvormittag Markt am *Lungolago Marconi.*

ÜBERNACHTEN

Cangrande garni
Gediegen und ruhig wohnen die Gäste in diesem Palazzo an den mittelalterlichen Mauern Lazises. Zum Haus gehört die Weinkellerei Girasole. *23 Zi., Corso Cangrande 16, Tel. 04 56 47 04 10, Fax 04 56 47 03 90, cangrandehotel@tiscalinet.it, €€€*

OSTUFER

Alla Grotta
Bestechend ist die Lage direkt am kleinen Bootshafen. Feinschmecker schätzen das Alla Grotta wegen der wunderbaren Fischküche, doch man kann hier auch – einfacher, als die Karte erwarten ließe – übernachten. *14 Zi., Via Fontana 8, Tel./Fax 04 57 58 00 35, www.allagrotta.it, €–€€*

Du Parc
Der Campingplatz vermietet auch Wohnwagen und Holzbungalows. 500 m außerhalb gelegen. *Tel. 04 57 58 01 27, Fax 04 56 47 01 50, www.camping.it/garda/duparc*

Piani di Clodia
In dieser Vier-Sterne-Campinganlage mit drei Pools werden auch Apartments sowie Stellplätze für Wohnmobile und Wohnwagen vermietet. *Ortsteil Bagatta, Tel. 04 57 59 04 56, Fax 04 57 59 09 39, info@pianidiclodia.it*

SPORT & STRÄNDE

Baden
Ein kleiner Strandstreifen zieht sich etwas südlich des Orts am See entlang hin.

Parco Termale del Garda
Im Hinterland blubbert es warm aus der Erde: Im 37 Grad warmen, auch abends geöffneten Thermalsee in *Colà di Lazise* können Sie kuren. Im Park mit alten Bäumen und in der Villa dei Cedri gibt es abends Konzerte. *Tel. 04 57 59 09 88*

AM ABEND

In Lazise geht es auch abends beschaulich zu. Da sitzt man an der großen Piazza Vittorio Emanuele und trinkt sein Gläschen Wein.

AUSKUNFT

Via Fontana 14, Tel. 04 57 58 01 14, Fax 04 57 58 10 40, iatlazise@provincia.vr.it

ZIELE IN DER UMGEBUNG

Borghetto di Valeggio sul Mincio [O]
Nach einer gut halbstündigen Autofahrt am Mincio entlang kommen Sie nach Borghetto di Valeggio sul Mincio. Kurz bevor man in das Dorf hineinkommt, fährt man über eine gigantische gemauerte Brücke, *Insider Tipp* die als Staudamm konzipiert war. Der Mailänder Herrscher Giangaleazzo Visconti staute 1393 den Mincio. Der Fluss füllte einen Wassergraben um das venezianische Mantua. Fehlte dort das Wasser, so dachte sich der Visconti, wäre die Stadt leicht einzunehmen gewesen. In acht Monaten ließ er den 600 m langen, 26 m breiten und 10 m hohen Damm errichten. Warum die Kriegslist dann nicht durchgeführt wurde, ist nicht bekannt.

Wer über Nacht bleiben möchte, kann sich im Hotel *Faccioli (18 Zi., Via Tiepolo 4, Tel. 04 56 37 06 05, Fax 04 56 37 05 71, €€)* einquartieren, einem ehemaligen Bauernhaus. Zu den besten Lokalen der Region zählt die Antica Locanda Mincio *(Mi/Do geschl., Tel. 04 57 95 00 59, www.anticalocandamincio.it, €€€)*. Ohne Reservierung werden Sie kaum einen Platz bekommen. Eine ganz einfache, ländliche Küche hingegen genießen Sie in einem Lokal, das gar nicht so leicht zu finden ist: Vor dem Haus

LAZISE

am Ufer des Mincio sieht man nur das Schild »Salumeria e Drogheria«, die Trattoria selbst liegt hinter dem Laden versteckt; Spezialität sind die Tortellini: *Salumeria e Drogheria Al Ponte (Mi geschl., Tel. 04 56 37 00 74, €–€€)*.

Parco Giardino Sigurtà [122 C6]
Der 50 ha große Garten- und Naturpark 14 km südlich kann zu Fuß, per Rad oder mit einer kleinen Bimmelbahn besichtigt werden; oder Sie mieten sich eines der elektrisch betriebenen Dreiräder. *März–Nov. tgl. 9–19 Uhr, www.sigurta.it*

Peschiera del Garda [122 C5]
Peschiera liegt 8 km südlich am südlichsten Zipfel des Gardasees. Hier befindet sich der Abfluss des Sees: Der Mincio schafft das Wasser, das die Sarca in Riva in den See führte, hinaus in den Po und weiter ins Mittelmeer. Diesen Abfluss des Gardasees nutzten schon die Römer als Schiffsverbindung zur Adria. Der Mincio bildet die Grenze zwischen Venetien und der Lombardei. Ab 1516 gehörte Peschiera den Venezianern, sehenswert sind die venezianisch-österreichischen Festungen. Auf Teilen der Befestigungsmauern kann man spazieren gehen.

Hübsch flaniert es sich auch in den Altstadtgassen. Wenn Sie es richtig beschaulich mögen, setzen Sie sich in der *Gelateria Centrale (Via Dante 21)* an die Tischchen zum Minciokanal. Übernachten können Sie im *Bell'Arrivo (27 Zi., Piazzetta Benacense 2, Tel. 04 56 40 13 22, Fax 04 56 40 13 11, www.hotel bellarrivo.it, €–€€)*. Gute Küche – Spezialität Aal – serviert das *La Torretta (Mi geschl., Via Galilei 12, Tel. 04 57 55 01 08, €€)*. Ein Intreff ist die *Enoteca Arilica Bacchus* **Insider Tipp** *(Via XXX Maggio 4)*. Tagsüber kann man Wein verkosten und kaufen, abends ab 18.30 ist Happyhour mit günstigen Preisen, ab 20.30 Uhr kann man essen, und ab 23 Uhr gibt es Livemusik. Am Bahnhof von Peschiera halten viele Züge auf der Strecke Mailand–Venedig.

Verona [123 F5]
Wer genug hat von der reinen Urlaubs- und Strandatmosphäre und etwas Stadtluft schnuppern möchte, für den bietet sich eine Tour nach Verona an. Die 25 km östlich gelegene Stadt (255 000 Ew.) bietet Kulturdenkmäler von großer Bedeutung, aber auch eine Fußgängerzone, in der man prima shoppen gehen kann.

Bevor Sie sich ins Auto setzen, um nach Verona zu fahren – wie wäre es mit einer Zugfahrt? Vom Süden des Sees ist das kein Problem. Von vielen anderen Gardaseeorten fahren Linienbusse nach Verona, auch das eine entspanntere Möglichkeit als die Parkplatzsuche in der Stadt.

Verona war dank seiner Lage am Ende der Route über den niedrigsten Alpenpass, den Brenner, schon für die Römer eine bedeutende Stadt. Aus der Römerzeit stammt denn auch der berühmteste Bau, die ★ *Arena (Mo 13.30–19.30, Di–So 9–19, bei Opernaufführungen 9–15.30 Uhr, Piazza Bra, Opernfestspiele Tel. 04 58 00 51 51, Kartenbüro Via Dietro Anfiteatro 6 b, 37121 Verona, Fax 04 58 01 32 87, www.arena.it)*. Beginnen Sie hier den Stadtrundgang. Das römische Amphitheater aus dem 1. Jh. wurde durch Erdbeben im 12. Jh. stark beschädigt; von der Außenmauer ste-

OSTUFER

Wer keine Opernkarten bekommt, kann die Arena tagsüber besichtigen

hen nur noch vier Arkaden. Die Arena kann tagsüber besichtigt werden, in vollem Glanz erstrahlt sie aber erst bei Operninszenierungen. Premiere dafür war eine Aufführung der »Aida« zu Verdis 100. Geburtstag am 10. August 1913.

Über die Via Roma gelangen Sie von der Arena zum *Castelvecchio (Di–So 8.30–19.30, Mo 13.30 bis 19.30 Uhr).* Die ziegelrote Burg von 1534 ist das größte Bauwerk der Scaligerzeit. In der Burg werden wechselnde Ausstellungen gezeigt. Gehen Sie nun am besten am Hochufer der Etsch ein Stück flussaufwärts bis zur Piazza Portichetti. Das ist ein kleiner Extraschlenker, aber er führt Sie zu *San Zeno Maggiore,* der Lieblingskirche der Veroneser. Außen ist sie mit weißem Tuff und rotem Marmor im frühromanisch-langobardischen Stil gestaltet. Eine große Kostbarkeit ist das mit 48 Bronzeplatten verzierte Portal.

Nun auf demselben Weg zurück zur Arena. Vielleicht ist es Zeit für eine Erfrischung, die können Sie an der Piazza Bra einnehmen, dort zu essen ist allerdings nicht ratsam – Preise und Qualität sind Touristennepp. Biegen Sie an der Piazza Bra in die *Via Mazzini* ein, Veronas Einkaufsstraße schlechthin. Sie führt zur *Piazza delle Erbe.* Auf dem einstigen römischen Forum findet täglich ein Gemüsemarkt statt.

Weiter geht es auf die *Piazza dei Signori* mit den *Scavi Scaligeri:* In den Ausgrabungen werden regelmäßig hochrangige Fotoausstellungen des Centro Internazionale di Fotografia gezeigt. Unweit davon finden Sie die *Scaligergräber:* Die gotischen Gräber des Herrschergeschlechts werden von lebensgroßen Reiterstatuen der Verstorbenen gekrönt.

In der nahen *Via Cappello 23* steht ein unscheinbares Haus aus dem 14. Jh., das nahezu jeder Veronabesucher besichtigen möchte, egal, ob er Shakespeares berühmtes Drama »Romeo und Julia« kennt oder nicht: die *Casa Capuleti (Mo 13.30–19.30, Di–So 8–19.30 Uhr),* wie das »Haus der Julia« offiziell

TORRI DEL BENACO

heißt. Die rechte Brust der Julia-Statue im Innenhof zu berühren soll Liebesglück bringen. Der Julia-Balkon, der auf keiner Abbildung oder Postkarte fehlt, wurde allerdings erst 1940 an die Fassade montiert.

Insider Tipp: In der *Osteria Sgarzarie (Mo geschl., Corte Sgarzarie 14 a, Tel. 04 58 00 03 12, €€)* unweit der Piazza Erbe speist man unbehelligt vom Touristentrubel. In der *Trattoria Tre Marchetti (Mo-Mittag und So, Juli/Aug. Mo geschl., Vicolo Tre Marchetti 19 b, Tel. 04 58 03 04 63, €€€)* wird Veroneser Küche serviert. Das Lokal zählt zu den besten der Stadt und wurde mehrfach ausgezeichnet. Wenn Sie einen elektronischen Gruß verschicken wollen: Zwei Stunden Surfen im Netz kosten 8 Euro bei *Internet Train (Via Roma 17, in der Nähe des Castelvecchio, info@internettrain.it)*. Wer über Nacht bleiben möchte: Die *Locanda Catullo (9 Zi., Via Valerio Catullo 1, Tel. 04 58 00 27 86, Fax 045 59 69 87, locandacatullo@tiscalinet.it, €)* ist ein gemütliches, zentrales Quartier.

Auskunft: *Piazza Bra, Tel. 04 58 06 86 80, Fax 04 58 00 36 38, www.verona-apt.net; Piazza XXV Aprile (Stazione Porta Nuova), Tel. 04 58 00 08 61*

TORRI DEL BENACO

[122 C2] In Torri del Benaco (2600 Ew.) kommt man am schönsten per Schiff an – und das machen auch viele, da die Fähre von Maderno nach Torri del Benaco ein wirklich praktisches Verkehrsmittel ist, wenn man den See nicht halb umrunden möchte, um einen Ausflug ans gegenüberliegende Ufer zu machen. Von der Seeseite aus erkennt man am besten, wie dominant das Scaligerkastell den Ort bewacht. Genauer gesagt: bewachte, denn heute kann es ohne weiteres eingenommen werden: In seinen Mauern residiert ein Volkskundemuseum, das einen wolkenverhangenen Vormittag aufheitern kann. 1383 hatte der Scaligerherrscher Antonio della Scala die aus dem 9. Jh. stammende Festung zum Kastell ausbauen lassen. Im 20. Jh. wurde bei Renovierungsarbeiten am Kastell eine rosafarbene Marmorplatte gefunden, auf der in Reliefform eine Leiter mit fünf Sprossen – »Scala«, das Wappen der Scaliger – dargestellt ist. Der Wappenstein ist im Museum ausgestellt.

Torri del Benaco ist einer der ruhigeren Orte am Ostufer, längst nicht so überlaufen wie die Nachbarorte Garda oder gar Bardolino. Der Hafen ragt weit in den Ort hinein, in dem ovalen Becken reihen sich kleine Fischerboote auf wie bunte Perlen an einer Kette. Vom Hafenbecken weg führen nur ein paar wenige Altstadtgassen, und dort ist oft erstaunlich wenig los. Mal flaniert ein Busausflug hindurch, dann wird es in den paar Souvenirgeschäften lebhaft, doch meistens kann man in aller Ruhe bummeln. Die Landschaft im Rücken von Torri del Benaco ist nicht mehr so steil, der Monte Baldo ist hier etwas vom See zurückgesetzt, was den Ort offener erscheinen lässt.

SEHENSWERTES

Santi Pietro e Paolo
Ungewöhnlich für Italien ist die große Kirchenorgel von 1744, die

OSTUFER

Am schönsten ist die Ankunft in Torri per Schiff von Maderno am Westufer

noch gespielt wird. Außerdem auffällig in der Barockkirche ist die Bronzestatue des ehemaligen Pfarrers Giuseppe Nascimbeni, der 1988 selig gesprochen wurde. Nascimbeni gründete in Torri einen karitativen Schwesternorden, der vor allem in einem Hospiz in Malcesine arbeitet.

Santissima Trinità
In der kleinen Kirche am Hafen, in der Ecke der Piazza Calderini, können Sie renovierte Fresken der Giotto-Schule bewundern.

MUSEUM

Museo del Castello Scaligero
Im Volkskundemuseum in den Räumen des Scaligerkastells erfährt man viel über das Leben der Gardaseebewohner vor Beginn des Tourismus, als Fischfang und Olivenanbau noch die Haupteinnahmequellen waren. Interessant sind auch die Säle über Bootsbau und Felszeichnungen in der Umgebung. Wer das Museum besichtigt, kann auch einen Blick in ein Zitronengewächshaus aus dem Jahr 1760 werfen. Es ist das einzige am Ostufer, das noch betrieben wird. Der Überlieferung nach sollen Franziskanermönche den Zitronenanbau an den Gardasee gebracht haben. *Juni–Sept. Di–So 9.30–13 und 16.30–19.30, April/Mai und Okt. 9.30–12.30 und 14.30 bis 18 Uhr, Viale Fratelli Lavanda 2*

Insider Tipp

ESSEN & TRINKEN

Bell'Arrivo
Trattoria, Eisdiele, Hafenbar – Luigi Galvanis Lokal ist die All-in-one-Lösung. Trotzdem isst man nicht schlecht, Spezialität sind die hausgemachten Nudeln. Gemütlich sind die Räume mit den alten Gewölben. *Sept.–Juni Mo geschl., Piazza Calderini 10, Tel. 04 56 29 90 28, €–€€*

Al Caval
Nein, Sie müssen hier kein Pferdefleisch essen – auch wenn das ein traditionelles Gericht ist. Im »Pferd« am nördlichen Ortsrand wird sogar Vegetarisches serviert, z. B. ein her-

TORRI DEL BENACO

Ein alter Palazzo direkt am Hafen, dazu frische Seeküche: das Gardesana

vorragender Gemüsestrudel. Köstlich ist auch Forelle in Kartoffelkruste. *Mi und außer So mittags geschl., Via Gardesana 186, Tel. 04 57 22 56 66, www.alcaval.com, €€ – €€€*

Gardesana
Wenn es Ihnen zu teuer ist, hier zu wohnen – wie wäre es mit einem Abendessen im ersten Haus am Platz? Besonders zu empfehlen sind die Fische aus dem See – weil sie nämlich nur angeboten werden, wenn sie wirklich frisch sind. *Mittags geschl., Piazza Calderini 20, Tel. 04 57 22 54 11, €€€*

EINKAUFEN

Antiquitätenmarkt
Von Juli bis Mitte September donnerstags 20–24 Uhr in der Altstadt.

Bell'Arte
Insider Tipp
Die Deutschen Hilmar und Marika betreiben diese Galerie schon seit Jahren. Außer den üblichen Stillleben und Ölschinken haben sie etwas Ungewöhnliches im Programm: großformatige Bilder, nach Art historischer Fresken gearbeitet, hergestellt von Restauratoren aus Florenz. *Via Dante Alighieri 94*

Markt
Jeden Montagvormittag Markt entlang der *Uferstraße*.

ÜBERNACHTEN

Gardesana
Schöner kann man in Torri nicht unterkommen, sofern man auf einen Pool verzichtet. Dafür wohnen Sie im ursprünglich als Rathaus gebauten Palazzo dei Capitani direkt am Hafen. *34 Zi., Piazza Calderini 20, Tel. 04 57 22 54 11, Fax 04 57 22 57 71, www.hotel-gardesana.com, €€ – €€€*

Lido Garni
Die Zimmer sind sehr schlicht, gehen aber auf den See, direkt zur An-

OSTUFER

legestelle der Fähre. Sehr einfach, sehr günstig. *24 Zi., Via Gardesana 3, Tel./Fax 04 57 22 50 84,* €

Ai Salici
Der einfache Campingplatz liegt zwar auf der anderen Seite der Uferstraße, doch es gibt einen Tunnel zum Strand. *Via Pai di Sotto, Tel. 04 57 26 01 96*

Villa Susy
Das kleine Hotel liegt ein paar Gehminuten vom Altstadtkern am See. Netter Strand, schön sind die Zimmer zum See – auf der anderen Seite rauscht der Verkehr auf der Gardesana. *14 Zi., Via Gardesana 119, Tel. 04 57 22 59 65, Fax 04 57 22 50 22, www.villasusy. com,* €€

SPORT & STRÄNDE

Baden
Am südlichen Ortsausgang gibt es einen langen freien Strand. Dort stehen einige Weiden, sodass man nicht in der prallen Sonne liegen muss.

Segeln
Unterricht und Bootsverleih zwischen Fähranleger und Kastell beim *Yachting Club Torri (Tel. 04 57 22 51 24)*.

AM ABEND

Im Sommer gibt es in den Mauern des Kastells Freilichtkino. Auskunft beim Fremdenverkehrsamt.

AUSKUNFT

Viale Fratelli Lavanda, Tel./Fax 04 57 22 51 20, iattorri@provincia.vr.it

ZIELE IN DER UMGEBUNG

Albisano [122 C2] *Insider Tipp*
Balkon des Garda, so taufte der Dichter Gabriele D'Annunzio den Ort Albisano, der 2 km oberhalb von Torri del Benaco am Bergrücken des Monte Baldo klebt. Urlauber, die es bequem lieben, können mit dem Auto hochfahren, wer sich hingegen die schöne Aussicht richtig verdienen will, geht zu Fuß. Ausgeschildert ist der Wanderweg kurz nachdem er die Straße nach Albisano verlässt. Man geht höchstens 45 Minuten, allerdings ziemlich steil bergauf. Tief durchatmen müssen Sie dann ohnehin – der Ausblick von der Terrasse der Pfarrkirche von Albisano ist atemberaubend schön.

Felsgravuren bei Crero [122 C2]
Nicht nur die Pfahlbauten am Ledrosee, auch die Felsgravuren in der Gegend von Torri del Benaco bezeugen die frühe Besiedelung. Einige Gravuren kann man bei Crero, einem kleinen Weiler zwischen Pai und Torri del Benaco, besichtigen. Man geht in Crero direkt neben der Trattoria Panoramico im Wald etwa zehn Minuten bergauf und folgt dem Schild »Rupestri«. Nach weiteren zehn Minuten kommen Sie zu nicht besonders auffälligen Felsgravuren. Man sieht ein Mühlespiel und einige Strichmännchen, die jedoch vermutlich erst im Mittelalter hinzugefügt wurden. Ohnehin tun sich Historiker schwer, das genaue Alter der Gravuren zu bestimmen.

Wer nicht gleich zurückfahren möchte, kann hausgemachte Gnocchi im schönen Terrassenrestaurant hoch überm See verspeisen: *Trattoria Panoramica, Mi geschl., Tel. 04 57 22 56 03,* €

SÜDUFER

Römische Ruinen, Shoppingstraßen, Nightlife

Am Südufer sind Sie mittendrin in Italien

Am Südufer des Gardasees treffen Sie auf zwei Extreme: Da ist zum einen das Städtchen Desenzano, ein lebhafter Ort, in den Italiener aus der Umgebung auch zum Shopping fahren und vor allem samstags nachts – dann gibt es in der Fußgängerzone fast kein Vorankommen mehr, so voll ist alles mit jungen Menschen. Ganz anders Sirmione, eigentlich ein kleines Dorf, dessen Gassen zwar tagsüber vom Stimmengewirr der vielen Besucher widertönen. Abends hingegen wird es hier geradezu beschaulich.

Wendig, flott und meistens ziemlich laut: die allgegenwärtige Vespa

Das Südufer des Gardasees liegt in einer Landschaft, die mit der Atmosphäre der Städtchen im Norden nichts mehr gemeinsam hat. Wähnt man sich dort bisweilen noch wie mitten im Gebirge, präsentiert sich die Gegend um Desenzano und Sirmione flach, fast schon poeben sogar. Die letzten Ausläufer der Alpen schieben noch ein paar Hügel hierhin vor, aber ansonsten engt nichts mehr den Blick ein. Desenzano liegt in einer weiten Bucht, hatte Platz, sich als kleine Stadt auszubreiten. Und unnachahmlich romantisch ruht Sirmione: Auf einer langen, schmalen Halbinsel schiebt sich der Ort in das grüne Wasser des Sees, die Wellen rollen aus auf flachen Kalkterrassen, in Jahrtausenden abgehobelt von den Gletschern, die einst das ganze Gardaseebecken schufen. Hätten sie noch mehr Zeit gehabt, hätten die Eismassen auch die Halbinsel von Sirmione weggeschmirgelt. Schade drum wäre es gewesen, denn die verwinkelte Altstadt, die sich darauf entwickelte, gehört zu den Besuchermagneten des Sees.

So anziehend der Süden des Gardasees heute für Besucher ist, so heiß und blutig umkämpft ist er

Natürlich hat auch die größte Stadt am See einen Hafen: Desenzano

DESENZANO

früher gewesen. Im 13. Jh. wurde die Bevölkerung Sirmiones fast ausgerottet. Da sie der Ketzerei verdächtigt wurde, ließ ein grausamer Scaligerherrscher ein Blutbad anrichten, und wer überlebte, wurde auf Scheiterhaufen in der Arena von Verona verbrannt. 1859 flossen Ströme von Blut auf den Schlachtfeldern von Solferino, als Italien gegen Österreich um die Einigung als Nationalstaat kämpfte.

DESENZANO

[121 D5] Andere Orte mögen eine schönere Uferpromenade haben, doch die Mole von Desenzano ist nicht zu überbieten. Kein Wunder, dass sich hier zum Sonnenuntergang nicht nur Angler einfinden; das romantische Plätzchen wird auch von Liebespaaren gerne besucht. Ungestört bleibt man leider nicht – auch den Stechmücken gefällt es unter den großen Laternen sehr gut.

Desenzano ist mit mehr als 20 000 Ew. der größte Ort am Gardasee, eine richtige Stadt sogar. Mit Stränden ist Desenzano nicht so reich gesegnet, dafür mit einem lebhaften Alltagsleben. In der großen Fußgängerzone lässt sich gut einkaufen und bummeln, in den Cafés an der Piazza Matteotti können Sie stundenlang beim Cappuccino sitzen und dem Treiben zusehen. Und in den Bars am alten Hafen ist abends fast kein Platz zu bekommen – vor allem nicht in den begehrten Hollywoodschaukeln. Freitag- und Samstagnacht ist bis Mitternacht in den Gassen der Fußgängerzone fast kein Vorankommen möglich: Junge Leute aus dem Umkreis von zig Kilometern treffen sich hier, gestylt und flirtbereit. Nach dem Auf und Ab in den Straßen zieht das Nachtvolk weiter, in die Diskotheken im Umland, deren eine sich rühmt, die größte Europas zu sein.

SEHENSWERTES

Lungolago Cesare Battisti
Wer hier entlangpromeniert, hat einen schönen Blick auf den See – und die Motorboote, die in diesem Teil des Sees manchmal mit erheblicher Geschwindigkeit umherbrausen.

Santa Maria Maddalena
Die Hauptkirche Desenzanos stammt aus dem 16. Jh. und ist ein Werk des Architekten Giulio Todeschini. Die reichen Bürger von Desenzano konnten sich Gemälde von den bekanntesten Künstlern ihrer Zeit leisten; so zählen zu den Sehenswürdigkeiten in der Ausstattung Gemälde von Zenone Veronese und Andrea Celesti. Berühmt ist Giambattista Tiepolos (1696–1770) »Letztes Abendmahl«. *Piazza Malvezzi*

Villa Romana
Der Schreiner Emanuele Zamboni dürfte wenig erfreut gewesen sein: Als er 1921 mit dem Bau seines Hauses beginnen wollte, stieß er auf die Überreste eines 100 m² großen römischen Gutshofs. Er gilt als wichtiges Beispiel dieser Wohnform in Norditalien. Interessant sind die Bodenmosaiken sowie die Hohlraumheizungsanlagen, ein früher Vorläufer heutiger Fußbodenheizungen. *Di–So 8.30–19.30 (Winter bis 17 Uhr), Via Crocefisso 22*

SÜDUFER

ESSEN & TRINKEN

Restaurant La Contrada
Die ehemals kleine Osteria hat die Straßenseite gewechselt und sich deutlich vergrößert. Die Karte blieb ähnlich mit Schwerpunkt auf lombardischer und venezianischer Küche und viel Seefisch. Umfangreiche Weinkarte. *In der Nebensaison Mi geschl., Via Bagatta 12, Tel. 03 09 14 25 14,* €€€

Al Fattore
Eine ordentliche Pizzeria mit zahlreichen Plätzen im Freien. Der Pizzateig ist kross, das Angebot an Fisch ist umfangreich, wenn auch fast alles tiefgefroren ist. Köstlich: die Forelle und die Tintenfische vom Grill. *Mi geschl., Via Roma 8, Tel. 03 09 14 19 37,* €

Gelateria Cristallo
Eine beliebte Bar am Abend – vielleicht liegt es an den netten Hollywoodschaukeln, aus denen man das nächtliche Treiben am alten Hafen verfolgen kann. *Via Porto Vecchio 12*

Gelateria Vivaldi
Das Eis gehört zu den besten der Stadt – hinzu kommt, dass ausschließlich Sahne und Milch von Biobetrieben verwendet werden. *Piazza Matteotti 9*

Kapperi
★ Pierluigi Mottarella, der Besitzer des »Lepre«, hat mit seinem Zweitrestaurant Kapperi einen klugen Schachzug und Genießern einen Gefallen getan: Hier isst man ähnlich gut wie in dem Renommierlokal, doch gibt es auch Pizza und einfachere Gerichte, etwa diverse *bruschette,* sodass ein leichtes Mittagessen nicht ganz so teuer wird. *Di geschl., Via Nazario Sauro 7, Tel. 03 09 99 18 93,* €€ – €€€

Bagatta alla Lepre
Eines der teuersten und besten Restaurants der Stadt. Schlicht und modern ist die Inneneinrichtung, sehr gehoben die Speise-, umfassend die Weinkarte. *In der Nebensaison Mi mittags und Di geschl., Via Bagatta 33, Tel. 03 09 14 23 13,* €€€

MARCO POLO Highlights »Südufer«

★ **Lido delle Bionde**
Ein großer Kiesstrand in Sirmione mit flachem Wasser, Café und Tretbooten (Seite 73)

★ **Kapperi**
In Desenzano: Küche wie im Edellokal, doch es gibt auch einfache Gerichte zu günstigen Preisen (Seite 67)

★ **Scaligerkastell**
Auf römischen Fundamenten erhebt sich in Sirmione eine Wasserburg wie aus dem Bilderbuch (Seite 70)

★ **Grotte di Catullo**
In Sirmione: keine Grotten, sondern Überreste einer römischen Villa mit Seeblick (Seite 70)

DESENZANO

Vine Bar
Mit der Vine Bar hat das dritte Lokal der Lepre-Crew eröffnet. In der *vinoteca con cucina* können Sie einen Aperitif oder einen Absacker zu sich nehmen, von erster Güte, versteht sich – oder an den kleinen Tischen speisen. *Di geschl., Via Bagatta 29, Tel. 03 09 14 22 59, €€€*

EINKAUFEN

Frantoio di Montecroce
Olivenöl frisch (und kalt) gepresst gibt es in dieser Azienda Agricola im Ortsteil Montecroce. *Viale E. Andreis 84*

Märkte
Jeden ersten Sonntag des Monats – außer im August – Antiquitätenmarkt in der Altstadt. Jeden Dienstagvormittag Markt an der *Uferstraße*.

Salumeria Giambattista
Eine echte Alternative zur (meist schlechten) Fastfoodpizza: *panini* und Schälchen mit *antipasti*, alles aus eigener Herstellung. *Piazza Malvezzi 43*

ÜBERNACHTEN

Alessi
Ein relativ großes Hotel mitten in der Altstadt. Sehr praktisch für alle, die abends gern mal von Bar zu Bar ziehen möchten. Familiär geführt, nüchterner Stil. *18 Zi., Via Castello 3, Tel. 03 09 14 33 41, Fax 03 09 14 17 56, www.hotelspromotion.com/alessi, €€*

Camping
In Desenzano gibt es drei Plätze, üppig ausgestattet sind *Feriendorf Vo'* (*Via Vo' 4–9, Tel. 03 09 12 13 25, Fax 03 09 12 07 73, www.voit.it*) und *San Francesco* (*Strada Vicinale San Francesco, Tel. 03 09 11 02 45, Fax 03 09 11 94 64*); einfacher: *Italia* (*Via Zamboni, Tel. 03 09 11 02 77, Fax 03 09 11 08 32*). In der Valtenesi zwischen Desenzano und Salò finden Sie zahlreiche weitere Plätze. Informationen beim *Fremdenverkehrsamt San Felice del Benaco* (*Piazza Municipio 1, Tel./Fax 036 56 25 41*).

Mayer & Splendid
Das einstige Nobelhotel steht ganz vorne an der Promenade (und somit leider auch an der Durchgangsstraße), von vielen Zimmern schaut man über große Magnolienbäume auf den See. Der Putz bröckelt zwar von der Decke, und es klemmt schon mal eine Schranktür, aber wo kann man sonst für diesen Preis gleich beim Aufwachen durch Flügeltüren hinaus auf die glitzernde Wasserfläche blicken? *54 Zi., Piazza Ulisse Papa, Tel. 03 09 14 22 53, Fax 03 09 14 23 24, €*

Agriturismo Mirabello
Vom Bahnhof aus ausgeschildert, liegt dieser *agriturismo*-Betrieb oberhalb Desenzanos. Die Familie von Chiara Papa hält Enten und Hasen, die Gäste entspannen sich in einem riesigen Pool. Es gibt auch ein Restaurant. *8 Zi., Desenzano-Mirabello, Tel./Fax 03 09 14 00 82, €*

Piroscafo
Schon seit Jahrzehnten führt die Familie Segattini dieses kleine Hotel. Es steht direkt am alten Hafen mitten in der Altstadt von Desenzano, ohne jedoch vom Durchgangsverkehr belästigt zu werden. Einige Zimmer haben einen Balkon. *32*

SÜDUFER

Zi., Via Porto Vecchio 11, Tel. 03 09 14 11 28, Fax 03 09 91 25 86, piroscaf@tin.it, €€

The Tower of the Old King
Der Tower nennt sich Bed & Breakfast, ist aber eine luxuriöse Variante. Der Blick über die Dächer Desenzanos ist spektakulär, die Einrichtung des Nichtraucherhauses modern-gediegen. *5 Zi., Via Castello 66, Tel. 33 87 06 35 78, Fax 03 09 14 48 16, www.thetowerof theoldking.it, €€ – €€€*

SPORT & STRÄNDE

Baden
Der *Lido di Padenghe* ist ein großer, freier Kies- und Sandstrand, der *Lido di Lonato* ein freier Strand mit feinem Kies. Die *Spiaggia Comunale*, ein sehr großer Kiesstrand, liegt nördlich von Desenzano. Zwischen Desenzano und der Halbinsel von Sirmione und Richtung Norden entlang der hügeligen Valtenesi finden Sie weitere Badegelegenheiten.

Fahrradverleih
Bikes Girelli, Via Annunciata 5, Tel. 03 09 11 97 97

Tauchen
Zwei Tauchzentren bieten in Desenzano ihre Dienste an: *Asso Sub Il Pellicano (Via Castello 1, Tel. 030 91 44 49); Orso Diving Club (Via Ramotti 1, Tel. 078 99 90 01)*

AM ABEND

An Desenzano führt kein Weg vorbei, wenn man sich dem Saturday-Night-Fever hingeben will. In der Altstadt haben viele Läden bis spät in die Nacht geöffnet.

Dehor
Genux, die legendäre Disko im Lonato, die als größte Diskothek Italiens galt, hat den Besitzer und damit das Programm gewechselt. Aus dem Massenbetrieb wurde ein exklusiverer Laden, gespielt wird Dance und House von berühmten italienischen DJs. Geöffnet ist Di, Fr und Sa, bester Tag ist der Freitag. *Von der A 4 Ausfahrt Desenzano Richtung Castiglione delle Stiviere, nach 2 km rechts, Via Fornace dei Gorghi 2, www.dehor.it*

Le Plaisir
Eine weitere der Diskotheken, für die die Umgebung Desenzanos berühmt ist. Beliebt sind die wechselnden Themenabende, mal Tahiti, mal Kuba. *Via dei Colli Storici 179, San Martino della Battaglia, www.mazoom.net*

AUSKUNFT

Via Porto Vecchio 34, Tel. 03 09 14 15 10, Fax 03 09 14 42 09, iat.desenzano@tiscali.it

SEESCHIFFFAHRT

Piazza Matteotti 2, Tel. 03 09 14 95 11, Fax 03 09 14 95 20, www.navigazionelaghi.it

ZIELE IN DER UMGEBUNG

Solferino und San Martino della Battaglia [121 D–E 5–6]
Die Gegend um den Gardasee war immer wieder Schauplatz erbitterter kriegerischer Auseinandersetzungen. Zu den schlimmsten Schlachten gehörten die von San Martino della Battaglia und Solferino. Beide Orte liegen einige Kilo-

SIRMIONE

meter südlich von Desenzano. 1859 siegte hier das Risorgimento, die italienische Einigungsbewegung, gegen die Armee des österreichischen Kaisers Franz Joseph – doch auf dem Schlachtfeld lagen 25 000 Tote. Außerdem, und das machte Solferino weltweit bekannt, lagen 10 000 verwundete Soldaten auf der Erde, denen niemand half. Der Schweizer Geschäftsmann Henri Dunant war von diesem Anblick so erschüttert, dass er das Rote Kreuz gründete, ursprünglich eine Hilfsorganisation für Kriegsverletzte. In der Kirche San Pietro in *Solferino* sind 7000 Schädel aufbewahrt und gemahnen an den Schrecken der Kriege. In *San Martino* ragt ein 74 m hoher Gedenkturm auf. In seinem Inneren erzählen Fresken die Geschichte des Risorgimento.

SIRMIONE

 Karte in der hinteren Umschlagklappe

[121 E4] Der Ort (6000 Ew.) liegt bezaubernd schön: Die auffällige Halbinsel ragt genau in der Mitte des Südufers nach Norden in den See. Sirmione ist einer der bekanntesten Orte am Gardasee, zusätzlich zu den dort wohnenden Urlaubern und Kurgästen kommen unzählige Tagesausflügler aus den anderen Ferienorten am See, am Wochenende noch verstärkt von Italienern – sogar aus Mailand reist man hierher. Kein Wunder, dass die Altstadtgassen oft hoffnungslos überlaufen sind. Nun gibt es ein Projekt, Müllabfuhr und Anlieferfahrzeuge mit Elektromotoren auszustatten. Ab der Fußgängerbrücke beim Scaligerkastell ist das historische Zentrum den Fußgängern vorbehalten, denn durch einen breiten Kanal, der am Kastell entlanggegraben wurde, ist die Altstadt zu einer Insel geworden.

Sirmione ist nicht erst in heutiger Zeit ein Magnet, schon zu Römerzeiten war es als Heilbad bekannt: Die fast 70 Grad heißen, schwefelhaltigen Quellen entspringen aus dem Seeboden, 300 m nordöstlich der 4 km langen Halbinsel, das Heilwasser soll bei Erkrankungen der Atemwege, Frauenleiden sowie bei rheumatischen Beschwerden helfen.

SEHENSWERTES

Grotte di Catullo

★ Seit im 15. Jh. die Bezeichnung »Grotten des Catull« aufkam, werden die Reste einer römischen Villa so genannt, auch wenn umstritten ist, ob der römische Dichter wirklich hier an diesem reizenden Fleck lebte. Die Besichtigung der großen Anlage lohnt sich aber allemal: Man kann schön unter Olivenbäumen spazieren, die umfangreichen Mauerreste besichtigen und im doppelreihigen, gedeckten Wandelgang schlendern; einige der 64 Arkaden wurden wieder aufgebaut. Im Eintrittspreis inbegriffen ist der Besuch des Museums. Es wurde völlig neu gestaltet, Sie sollten es nicht auslassen. Hervorragend beschriftet – auch auf Deutsch –, gibt es einen guten Überblick nicht nur über die Anlage, sondern auch über die Frühgeschichte des Gardasees. *Di–Sa 8.30 bis 19 (Winter bis 16.30), So 9–18 Uhr*

Scaligerkastell

★ Mastino della Scala baute im 13. Jh. innerhalb der Ringmauern eine

SÜDUFER

Vom Turm des Kastells in Sirmione überblicken Sie die ganze Halbinsel

Wasserburg auf römischen Fundamenten. In der alten Festungsanlage am Eingang zur Altstadt finden manchmal Ausstellungen statt, aber auch ohne gibt es einiges zu sehen – steigen Sie auf den 🔸 *Turm,* von dort sieht man schön über die Dächer der Altstadt. Vor der Burg steht, seit Jahren schon, ein schöner, alter Obststand, der frische Melonenhälften und Ananasviertel, Zitronenschnitze und Kokosschiffchen verkauft. *April–Sept. Di–Sa 9 bis 20, So 9–13 Uhr, Nov.–März Di bis So 9–13 Uhr*

ESSEN & TRINKEN

Piccolo Castello
Unweit der zahlreichen Pizzastände und doch eine Welt davon entfernt: Franco Bettinazzi serviert unverfälschte Seeküche. Spezialität ist Fisch, gegessen wird mit Blick auf die Scaligerburg. *Mo geschl., Via Dante 7, Tel. 030 91 91 87, €€€*

Al Progresso
Ein Lokal, das dem Fastfood in Sirmiones Gassen trotzt. Spezialität sind die *bavette al salmerino* mit Wodka und flambierte *gamberoni.* In der Saison im Sommer wird der frische Seefisch *lavarello* serviert. *Do geschl., Via Vittorio Emanuele 18, Tel. 030 91 61 08, €€–€€€*

La Rucola
Das Restaurant gehört zu der Vereinigung »Jeunes Restaurateurs d'Europe«, hier wird anspruchsvoll und leicht gekocht. Das monatlich wechselnde Menü orientiert sich an mediterranen Vorbildern. *Fr Mittag und Do geschl., Vicolo Strentelle 7, Tel. 030 91 63 26, €€€*

Osteria al Torcol
Von der Hauptbesuchergasse geht man nur ein paar Schritte bergauf – und befindet sich in einer authentischen Weinstube. Kleine Gerichte gibt es auch, etwa eine vegetarische Lasagne. *Mi geschl., Viale del Desiderio 5, Tel. 03 09 90 46 05, €–€€*

EINKAUFEN

Die Altstadtgassen auf der Halbinsel sind eine einzige Ladenstraße, hier daher nur ein paar spezielle Läden.

Amadeus
Viele Naturprodukte, dazu eine unglaubliche Auswahl an Seifen. *Vicolo Carpentini 3/7*

SIRMIONE

Die dreieckige Piazza Castello am Eingang zur Altstadt: Sirmiones Salon

Gioia Antonio
Außer allerlei Schnickschnack finden Sie hier italienische Designerlampen. *Via Piana 18*

Markt
Jeden Freitag auf dem *Piazzale Montebaldo* außerhalb der Altstadt.

ÜBERNACHTEN

Fonte Boiola
Nur wenig außerhalb der Altstadt direkt am See. Private Liegewiese und Pool mit Thermalwasser. *60 Zi., Viale Marconi 11, Tel. 030 91 64 31, Fax 030 91 64 35, www.termedisirmione.com,* €€€

The Garda Village
Komfortabler Campingplatz mit Badestrand. *Colombare, Via Coorti Romane, Tel. 03 09 90 45 52, Fax 03 09 90 45 60, www.gardavillage.it*

Grifone
Von allen Zimmern haben Sie Seeblick, und doch wohnt man in dem kleinen Haus in der Altstadt erstaunlich günstig. *16 Zi., Via Bocchio 4, Tel. 030 91 60 14 Fax 030 91 65 48,* €

Degli Oleandri
Schon beim Eintreten in die Lobby spürt man, dass das Hotel familiär geführt wird. An den Wänden des Treppenhauses hängen Gemälde, antiquarische Möbel prägen das Ambiente. *20 Zi., Via Dante 31, Tel. 03 09 90 57 80, Fax 030 91 61 39, hoteloleandri@libero.it,* €

Pace
☆ Von den Fenstern des Hotels am Hafen haben Sie einen wundervollen Blick über den See. *44 Zi., Piazza Porto Valentino 5, Tel. 03 09 90 58 77, Fax 03 09 19 60 97,* €€

Camping Sirmione
Dieser Drei-Sterne-Campingplatz mit Badestrand liegt am dichtesten an der Altstadt. *Colombare, Via Sirmioncino 9, Tel. 03 09 90 46 65, Fax 030 91 90 45*

SÜDUFER

Villa Cortine Palace Hotel
Bestimmt eines der schönsten Hotels von Sirmione, zumindest was den historischen Teil aus dem 19. Jh. anbelangt. An die hochherrschaftliche Villa auf dem Hügel, umgeben von einem wunderschönen Park mit Seeterrassen, wurde leider in den Fünfzigerjahren ein Hotelklotz angefügt. *55 Zi., Via Grotte 6, Tel. 03 09 90 58 90, Fax 030 91 63 90, www.hotelvillacortine.com, €€€*

SPORT & STRÄNDE

Baden
Einige freie Kiesstrände finden sich am Südufer in Richtung Peschiera. *Grotte di Catullo* ist ein freier, baumbestandener Strand unterhalb der Ausgrabungen – ein bisschen Balancieren auf glitschigen Sinterterrassen gehört dazu. Leider nur mit Tretboot oder Yacht zu erreichen. Der ★ *Lido delle Bionde* ist ein großer, flacher Kiesstrand am nordöstlichen Ende der Halbinsel. Es gibt ein Café und Tretboote. Ein weiterer freier Strand liegt bei der Scaligerburg.

Thermen
Die heißen Quellen werden in die beiden öffentlichen Heilbäder *(www.termedisirmione.com/ted/home.asp)* sowie zu den Kurhotels geleitet. Alle Kureinrichtungen gehören zur Gesellschaft *Terme e Grandi Alberghi (Piazza Castello 12, Tel. 030 91 60 41, www.termedisirmione.com)*. Öffentlich zugänglich sind das neue Wellnesscenter *Aquario (Via Staffalo, Tel. 030 91 60 44, April–Okt.)* und das *Stabilimento Termale Virgilio (Via Alfieri, Tel. 03 09 90 69 61, März–Nov.)*.

Wassersport
Windsurf-, Segel- und Kajakschule und Verleih: *Surf Sirmione (Via Grandi 3, Tel. 033 86 24 36 50)*; Surfschule: *Martini (Via Marolda 11, Tel. 030 91 62 08)*; Wasserskischule und Bootsverleih: *Bisoli (Via XXV Aprile 29, Tel. 030 91 60 88)*

AM ABEND
Wer in Sirmione logiert, wird vor und nach dem Abendessen in der Via Vittorio Emanuele flanieren – so wie alle.

AUSKUNFT
Viale Marconi 2, Tel. 030 91 61 14, Fax 030 91 62 22, www.comune.sirmione.bs.it

Flach und teilweise schilfbestanden: das Südufer östlich von Sirmione

WESTUFER

Die geruhsame Ecke des Sees

Am Westufer wird luxuriös gewohnt und köstlich geschlemmt

In jeder Hinsicht gepflegt geht es am Westufer zu

Wo alles begann: 1880 kam der Deutsche Louis Wimmer ans Westufer des Gardasees und erkannte, dass es auch seinen Landsleuten hier gut gefallen würde. Er begann mit dem Bau des Grand Hotel Gardone und legte so den Grundstein für den Tourismus am Gardasee. Nach und nach entstanden um die Wende zum 20. Jh. weitere Luxushotels, und statt Zitronengärten, Weinbergen oder Olivenhainen wurden herrliche Parks angelegt, deren alte Bäume bis heute den Charme dieser Region ausmachen. Hier können Sie sogar einfache Familienpensionen finden, die in einer Villa samt Park mit großen Bäumen untergebracht sind.

Über hundert Jahre später weht noch immer dieser leicht dekadente Hauch durch die Orte am lombardischen Ufer, vor allem in Gardone ist das zu spüren, denn hier ließ sich 1921 der italienische Dichter Gabriele D'Annunzio nieder, ein Exzentriker und Dandy. Sein Haus, das Vittoriale degli Italiani, ist ein Museum und konserviert den Geist dieser Zeit getreu. Der Geist wurde bald zum Ungeist – 1943 rief der Diktator Benito Mussolini im benachbarten Salò die faschistische »Repubblica Sociale Italiana« aus. Mussolini wohnte mit seiner Familie in der Villa Feltrinelli in Gargnano; seine Geliebte Claretta Petacci hatte er in der Villa Fiordaliso in Gardone einquartiert, heute ein edles Restaurant.

Am Westufer machen die Berge Platz, hier gibt es keine Tunnels mehr, die Uferstraße windet sich elegant am See entlang oder zieht sich dezent zurück, sodass die alten Fischerdörfer, die die Gemeinde Gargnano bilden, noch immer in aller Ruhe um ihre kleinen Hafenanlagen residieren. Wer hier Urlaub macht, sucht weder extreme Sportabenteuer wie im Norden oder Familienstrände wie im Osten, son-

Ein Lokal reiht sich ans nächste an der autofreien Seepromenade in Salò

GARDONE RIVIERA

Ein Abenteuerspielplatz der Phantasie: André Hellers botanischer Garten

dern will vermutlich geruhsam an einem Caféhaustischchen an einer Uferpromenade sitzen, Cappuccino trinken und auf den See hinausschauen, der hier so breit ist, dass er bei diesigem Wetter wie ein Meer erscheint. Und abends wird der Westuferurlauber schlemmen, denn auch für die exzellente Küche ist dieser Uferstreifen berühmt.

GARDONE RIVIERA

[121 E2] So behäbig, wie hier der Tourismus ist, ist auch der Spazierschritt am Lungolago. Kaum zu glauben, dass man so langsam einen Schritt nach dem anderen zelebrieren kann, ohne im Gehen umzufallen. Die Cafés sind auch in der Hauptsaison nie überlaufen, ein freier Tisch findet sich allemal. Das Schönste an Gardone sind seine Parks und Gärten. Wer vom Ufer die steilen Straßen und Wege hinaufgeht, wird beschattet von alten Zypressen und Magnolien, im Frühsommer umweht die Wege der Duft von Jasmin und Oleander. Die Gärten – und die hochherrschaftlichen Villen und alten Hotels – sind Zeugen von Gardones großer Vergangenheit als Reiseziel. Heute geht es nicht mehr ganz so gediegen zu, doch wer hier Urlaub macht, hat meist seinen Volkshochschulkurs Italienisch besucht und bemüht sich, an der Uferpromenade den Cappuccino korrekt zu bestellen. Am Lungolago D'Annunzio lässt es sich gut aushalten; dabei kann man fast vergessen, dass der eigentliche Ort gar nicht am See, sondern erhöht liegt. Gardone Sopra ist in einer Zeit, in der jedes Cafétischchen mit Blick zum See hin ausgerichtet wird, etwas ins Hintertreffen geraten. Doch hier liegen die Wurzeln des Dorfes, das insgesamt 2500 Ew. zählt, die alten Häuser scharen sich um die Pfarrkirche San Nicola. Um diese führt ein ☆ **schmaler Weg mit herrlichem Seeblick.** *Inside Tipp* Doch das Ziel schlechthin ist das Vittoriale degli Italiani, der Altersruhesitz des Dichters und Dandys Gabriele D'Annunzio.

SEHENSWERTES

Giardino Botanico Hruska
★ Ursprünglich war dieser botanische Garten nur einer der vielen

WESTUFER

wundervollen Parks des Ortes, doch seit ihn der österreichische Medienkünstler André Heller Ende der Achtzigerjahre gekauft hat, wurde er mehr: Zwischen riesigen Bäumen klappern Wasserspiele, in manchen versteckten Winkeln sieht man eine moderne Plastik von Keith Haring oder Mimmo Paladino. *März–Okt. tgl. 9–19 Uhr, Gardone Sopra*

Vittoriale degli Italiani

★ Eine kuriose Ansammlung von Gebäuden. Gabriele D'Annunzio (1863–1938) baute sich hier 1921 sein letztes Haus, in dem er bis zu seinem Tod lebte. Er vermachte es dem Staat als Nationaldenkmal. Zu sehen sind der Bug des Kriegsschiffs Puglia, D'Annunzios Auto und ein Flugzeug, mit dem der Dichter, der später die Faschisten unterstützte, im Ersten Weltkrieg Flugblätter über Wien abwarf. Im Park gibt es ein Freilichttheater, in dem im Sommer ein schwülstiges Stück des Autors aufgeführt wird. Im oberen Teil des Parks thront das faschistoide Mausoleum, im – natürlich – größten der Sarkophage ruhen seit 1963 die Gebeine des Dichters. Im Park des Vittoriale kann man herumstreifen, in das Wohnhaus gelangt man hingegen nur mit Führung. Neu eröffnet wurde ein Kriegsmuseum in den Räumen des Wohnhauses, dafür wurde einiges aus dem Depot geholt, was an D'Annunzios kriegerische Taten erinnern soll. *Okt.–März tgl. 9–17, April–Sept. 8.30–20 Uhr, www.vittoriale.it*

ESSEN & TRINKEN

Agli Angeli

Wie macht Enrico Pellegrini das nur? Seine Kochkünste steigern sich von Jahr zu Jahr, die Speisen werden

---

MARCO POLO Highlights »Westufer«

★ **Uferpromenade**
Ein Café reiht sich an das nächste, am Ufer in Salò stehen Bänke zum Ausruhen und Schauen (Seite 83)

★ **Vittoriale degli Italiani**
Das bizarre Anwesen des exzentrischen Dichters Gabriele D'Annunzio in Gardone Riviera (Seite 77)

★ **Markt**
Von Espressolöffeln über Espadrilles bis zum Käse gibt es in Salò alles (Seite 85)

★ **Giardino Botanico Hruska**
Zwischen Bäumen klappern Wasserspiele, in versteckten Winkeln stehen moderne Plastiken (Seite 76)

★ **Sant'Andrea Apostolo**
Die rosa, grau und weiß gestreifte Fassade der Kirche in Maderno ist unverwechselbar (Seite 79)

★ **Parco Fontanella**
Einer der größten freien Strände am Westufer in Gargnano (Seite 83)

GARDONE RIVIERA

eleganter und immer raffinierter. Reservierung empfehlenswert! Zur Trattoria gehört das gleichnamige, jüngst hübsch erweiterte 16-Zimmer-Hotel. *Di geschl., Gardone Sopra, Piazza Garibaldi 2, Tel. 036 52 08 32, Fax 036 52 07 46, www.agliangeli.com, €€–€€€*

Belvedere da Marietta

 Von der Terrasse im Ortsteil Montecucco haben Sie tatsächlich einen schönen Blick. Die Küche orientiert sich an regionalen Gerichten. Sehr lecker sind Nudeln mit Taleggiokäse und Trüffeln und der *coregone* (Felchen) vom Grill. *Do geschl., Via Montecucco 78, Tel. 036 52 09 60, €€*

Sans Souci

Osteria und Pizzeria zugleich ist dieses charmante Lokal in einem Gewölbekeller. Richtig lecker sind die *primi*, etwa Risotto mit Radicchio und Teroldego-Rotwein, doch auch die krosse Pizza ist nicht zu verachten. *Mi geschl., Vicolo al Lago 12, Tel. 036 52 03 74, €–€€*

La Terrazza

Auch mittags – nicht selbstverständlich in Italien – wird hier Pizza aus dem Holzofen serviert. *Mo geschl., Via Roma 53, Tel. 036 52 21 23, €*

EINKAUFEN

Antiquitätenmarkt

Kleiner Markt jeden Samstag von Juni bis September 16–23 Uhr an der *Seepromenade.*

Markt

Jeden Freitag ist Markt auf dem Parkplatz beim Giardino Botanico.

ÜBERNACHTEN

Colomber

Das gemütliche Familienhotel in den Bergen hinter Gardone wurde umfangreich renoviert und hat jetzt einen ordentlichen Pool im Garten. Das ist praktisch, weil der See etwas weiter entfernt ist. *18 Zi., Ortsteil San Michele, Via Val di Sur 111, Tel. 036 52 11 08, Fax 036 52 27 25, www.colomber.com, €€*

Hotel Diana

So muss Urlaub in den Fünfzigerjahren in Italien gewesen sein: schnörkellose Zimmer, aber mit Balkon und Blick zum See, das Preis-Leistungs-Verhältnis stimmt. *18 Zi., Lungolago Gabriele D'Annunzio, Tel./Fax 036 52 18 15, €*

Savoy Palace

 Endlich hat sich jemand dieses wunderschönen alten Grandhotels angenommen. Die Hälfte der Anlage beherbergt Apartments, doch ein Hotel hat auch Platz gefunden. Der Standard ist hoch, der Blick wunderschön, ebenso der kleine Pool. Die Straßenfront lässt leider nichts von der Schönheit des Hauses ahnen, die Seeseite wurde jedoch gelungen restauriert. *60 Zi., Corso Zanardelli 2, Tel. 03 65 29 05 88, Fax 03 65 29 05 56, www.savoypalace.it, €€€*

Villa Sofia

 Das neueste Hotel am Westufer entstand aus der alten Pensione Hohl. Geblieben ist der Blick aus der erhöhten Position über den schönen Park und den See. *18 Zi., Via Cornella 9, Tel. 03 65 29 05 88, Fax 03 65 29 05 56, www.savoypalace.it, €€€*

WESTUFER

SPORT & STRÄNDE

Centro Sportivo la Terrazza
Tennisplätze und Bocciabahnen.
Via Roma 53, Tel. 036 52 21 23

Spiaggia Rimbalzello
Die Anlage befindet sich am südlichen Ortsende. Eintritt: 5 Euro inklusive Sonnenschirm und Liege. Freie Strände sind an dieser Ecke des Sees rar: Einen finden Sie bei der Villa delle Rose in Fasano und ein paar Quadratmeter beim Kasino in der Via Zanardelli.

AM ABEND

Gardone macht mehr in Kultur als in Nightlife. An wechselnden Abenden kann man an der Seepromenade Livemusik bei freiem Eintritt genießen; im Vittoriale gibt es *Theateraufführungen* und Konzerte *(Tel. 03 65 29 65 19, www.teatrodelvittoriale.it)*. Bei einem Drink gemächlich den Abend ausklingen lassen können Sie im *Caffè Wimmer (Piazza Wimmer 5)* oder in Gardone Sopra in der *Bar Le Rose (Piazza Caduti 19)*. Eine neue Vinothek ist das *Bacco Poeta (Mo geschl., Piazza Caduti 22)* – der Name ist Programm, die Bar huldigt der Poesie, die Weinkarte ziert ein Gedicht von Baudelaire.

AUSKUNFT

Corso Repubblica 8, Tel./Fax 036 52 03 47, www.rivieradeilimoni.it

ZIELE IN DER UMGEBUNG

San Michele [121 D2]
Wer nach üppigem Essen Lust auf etwas Bewegung hat, kann zu Fuß ungefähr eine Stunde von Gardone in den Ortsteil San Michele hochsteigen. Der Weg (ausgeschildert ab dem Vittoriale) kürzt die Serpentinen der Straße ab. Oben bietet sich ein schöner Blick über den See. Ein wunderbarer Aussichtsplatz ist die Terrasse des Hotelrestaurants *San Michele (Mo geschl., 13 Zi., Via San Michele 26, Tel. 036 52 05 75, €)*, mehr eine Pizzeria als ein Restaurant, aber der Blick an schönen Tagen wiegt alles auf.

Toscolano-Maderno [121 E2]
Die Doppelgemeinde (7000 Ew.) liegt wenige Kilometer nördlich am Ende des Toscolanobaches. An dessen Oberlauf finden Sie die *Via delle Cartiere*, die Straße der Papierfabriken. Schon im 14. Jh. belieferten die Papiermühlen Europa, später sogar den Orient. Heute gibt es einen Spazierweg entlang der Ruinen. Sehenswert ist die Kirche ★ *Sant'Andrea Apostolo* (1130–1150) in Maderno: Ihre rosa, grau und weiß gestreifte Fassade ist unverwechselbar. Manch einer kommt aber auch zum Baden nach Toscolano, breitere Strände findet man am Gardasee kaum. Auf Seefisch spezialisiert hat sich die *Hosteria Cavour (mittags und Mo geschl., Maderno, Via Cavour 73, Tel. 03 65 64 25 12, €€)*. Das *Ristorante San Marco (tgl., Maderno, Piazza San Marco, Tel. 03 65 64 11 03, www.hsmarco.it, €€€)* ist ein nobles Restaurant unweit des Sees und folgt der Linie der Slowfoodbewegung – der Schwerpunkt liegt auf regionaler Küche. Mittags Pizza gibt es bei *Cantinone (Maderno, Piazza San Marco 49, Tel. 03 65 64 14 47, €€)*. Nach dem Essen geht man in

Insider Tipp

GARGNANO

Im Hafen von Toscolano-Maderno legen die Fähren zum Ostufer ab

Maderno noch ins *Uva Rara*, eine Weinbar *(Piazza San Marco 2)*. Etwas verwohnt, aber mit dem Flair des einstigen Nobeltourismus am Westufer, ist das Hotel *Maderno (45 Zi., Via Statale 12, Tel. 03 65 64 10 70, Fax 03 65 64 42 77, www.hotelmaderno.it, €€€)*. Günstiger, aber ohne Seeblick wohnt man im *Hotel Vienna (17 Zi., Via Garibaldi 43, Tel. 03 65 64 10 83, Fax 03 65 54 71 75, www.gardavienna.it, €)* in der Altstadt. Weniger eng als samstags in Salò geht es auf dem Donnerstagsmarkt an der Hauptstraße in Toscolano zu. Auskunft in Maderno: *Piazza San Marco 1, Tel./Fax 03 65 64 13 30, www.apt.bre scia.it*

GARGNANO

[121 F1] Wenn Sie gerade genug haben von all den Tunneln am Westufer und aufatmen, den letzten hinter sich gelassen zu haben – dann sind Sie in Gargnano (3000 Ew.) angekommen. Der Name bezeichnet eigentlich drei Hafenorte, hintereinander aufgereiht und einer lieblicher als der andere: zuerst der größte, Gargnano, mit einer kleinen Uferpromenade, dann folgen Villa und Bogliaco, um die die Gardesana herum- und nur je eine Einbahnstraße hineinführt. Bevor in den Dreißigerjahren des 20. Jhs. die Gardesana gebaut wurde, fuhr man gewöhnlich mit dem Boot von einem Ort zum anderen. Doch an der Brescianer Riviera, also von Salò bis Gargnano, gab es bereits ersten Tourismus – und eine Straße. Sie endete in Gargnano. Doch heute ist hier buchstäblich nichts los, fast nichts jedenfalls. Gerade deshalb ist dieser Uferstreifen bei seinen Stammgästen so beliebt. Wandern und Flanieren, Baden und Schlemmen, dazu kommt man hierher, auch abends geht alles seinen gemächlichen Gang. Aus dem Tritt

WESTUFER

kam Gargnano nur einmal für kurze Zeit: Während der faschistischen »Republik von Salò« hatte Mussolini seinen Wohnsitz hier in der Villa Feltrinelli. Seit Sommer 2001 dient das Anwesen als Luxushotel. Im nahen Palazzo Feltrinelli wird italienisches Kulturgut vermittelt: Die Mailänder Ausländeruniversität hält in der großen Villa Sprachkurse für Fortgeschrittene ab.

SEHENSWERTES

San Francesco
Das Kloster und die Kirche San Francesco in Gargnano wurden 1289 gegründet, original erhalten ist noch der Kreuzgang, ein romanisch-spätgotisches Kleinod. Achten Sie auf ein Detail: Die Kapitelle der zierlichen Säulen sind mit Zitronen und Orangen verziert.

Insider Tipp

Villa Bettoni-Cazzago
Als die Gardesana Occidentale, die westliche Uferstraße, gebaut wurde, wurde wenig Rücksicht auf Kulturdenkmäler genommen, man huldigte dem Fortschritt. Und so durchschnitten die Straßenbauer gnadenlos einen der schönsten Barockgärten am See. Der heutige Urlauber hat dadurch allerdings die Möglichkeit, einen Blick in den Park der Villa Bettoni-Cazzago im Ortsteil Bogliaco zu werfen. Die Villa selbst ist in Privatbesitz, vom See aus fällt die schöne Fassade mit den lebensgroßen Skulpturen auf dem Mitteltrakt auf. Der Conte Carlo Bettoni-Cazzago hatte Ende des 18. Jhs. die Idee, Zitronengewächshäuser zu konstruieren, ähnlich den in Frankreich bekannten Orangerien. Er gründete 1768 in Salò eine Agrarakademie, die sich der Erforschung des Zitronenanbaus widmete.

ESSEN & TRINKEN

La Bissa
Nach den traditionellen Fischerbooten des Gardasees, in de-

In einem Barockgarten im Ortsteil Bogliaco liegt die Villa Bettoni-Cazzago

Gargnano

nen stehend gerudert wird, ist dieses Lokal benannt. Logisch, dass hier bevorzugt Fisch aus dem See serviert wird, je nach Saison Hecht, Forelle oder Felchen. Drinnen sitzt man auch gemütlich, doch am schönsten ist die Terrasse. *Mo und Okt.–März geschl., Ortsteil Villa, Via P. Colletta 21, Tel. 036 57 11 07,* €€

Miralago
Der Name stimmt, man sitzt unter Markisen vor der Sonne geschützt und schaut auf den See. Zu essen gibt es kleinere Speisen wie Rucolasalat mit Parmesan oder feine Fischgerichte. *Di geschl., Lungolago Zanardelli 5, Tel. 036 57 12 09,* €–€€

Osteria del Restauro
Insider Tipp

Am Hafenbecken von Villa geht das Leben seinen ruhigen Gang; wenn mal ein Segelboot anlegt, schauen gleich alle hin, sonst ist hier nicht viel los. Wer das mag, sitzt in der Osteria genau richtig. Gut isst man außerdem, lecker sind die hausgemachten Tortellini und der Speck *(lardo)* von den *antipasti*. Der Speiseraum hängt voller Autogramme und Widmungen. Humphrey Bogart zum Beispiel vermerkte, wenn es auch noch ein Klavier gebe, wäre es perfekt. Erst beim zweiten Blick merkt man: Das sind überhaupt keine echten Autogrammkarten, sondern ein kleiner Scherz der jungen Betreiber. *Mi geschl., Ortsteil Villa, Piazza Villa 19, Tel. 036 57 26 43,* €€

La Tortuga
»Sapori di Primavera« (Geschmäcker des Frühlings) oder »Sapori del Lago« – so poetische Namen tragen die Menüs von Maria Filippini. Die Lyrik der Speisekarte ist es aber nicht, die dem La Tortuga Eingang in alle großen Restaurantführer verschaffte. Immer frische Zutaten, hervorragende Fischgerichte und ein angenehmer Service werden eben belohnt. *Di und mittags geschl., Via XXIV Maggio 5, Tel. 036 57 12 51,* €€€

EINKAUFEN

Markt
Jeden Sonntag ein recht kleiner Markt am *Hafen* in Gargnano.

ÜBERNACHTEN

Gardenia al Lago
Das Haus stammt aus den Zwanzigerjahren des 20. Jhs., das Hotel aus den Fünfzigern. In großen Zimmern wohnt man hier einfach, aber familiär betreut. Die Sonnenterrasse, der Garten und der Frühstücksraum sind ausgesprochen charmant, und sogar einen winzigen Privatstrand gibt es. *25 Zi., Ortsteil Villa, Tel. 036 57 11 95, Fax 036 57 25 94, www.gardalake.it/ hotelgardenia,* €–€€

Albergo Gargnano
Das Haus und die Einrichtung sind etwas in die Jahre, um nicht zu sagen: heruntergekommen, doch wer darüber hinwegsehen kann: Der Blick auf den See ist wirklich schön. Hinzu kommt, dass es in Gargnano keine große Durchfahrtsstraße gibt – ruhig ist es also auch. *12 Zi., Piazza Feltrinelli, Tel. 036 57 13 12,* €

Hotel Du Lac
Familie Arosio führt das Hotel nun schon in dritter Generation – mit der Passion, die man für diese Arbeit

WESTUFER

braucht und die der Gast beim Aufenthalt verspürt. Das Haus steht direkt am See, näher kann man an ihm kaum wohnen. Schön: die alten Möbel in den meisten Räumen. *11 Zi., Ortsteil Villa, Via P. Colletta 21, Tel. 036 57 11 07, Fax 036 57 10 55, www.hotel-dulac.it, €€*

Villa Giulia

Wirklich eine Villa: Sehr gediegen wohnt man hier, dicke Polstersessel, eine von allem Lärm abgeschirmte Terrasse mit Garten, antike Möbel, eine Gemäldegalerie in der Lobby – wer Stil sucht, aber die großen Grandhotels nicht mag, ist hier genau richtig. *23 Zi., Viale Rimembranza 20, Tel. 036 57 10 22, Fax 036 57 27 74, www.villagiulia.it, €€€*

SPORT & STRÄNDE

Baden

Ein freier Strand am nördlichen Ortsrand von Gargnano ist der ★ *Parco Fontanella.* Man liegt im Schatten unter Olivenbäumen, für die Jugend gibt es Tischtennis und Technomusik. Großer freier Parkplatz.

Surfen

Die Surfschule *OK-Surf (Tel. 03 65 79 00 12, info@oksurf.it)* am Strand des Parco Fontanella bietet Kurse und Brettverleih.

AM ABEND

Großen Trubel gibt es in Gargnano nicht, gerade deshalb schätzen die Stammgäste diesen Ort. Man schlendert ein bisschen auf und ab, und wenn man im Restaurant den Nachtisch verweigert hat, gönnt man sich noch einen Eisbecher am See. Die größten und besten gibt es in der *Bar Azzurra (Piazza Zanardelli 9).*

AUSKUNFT

Piazzale Boldini 2, Tel. 03 65 79 12 43, Fax 03 65 79 12 44, www.comune.gargnano.brescia.it

SALÒ

Karte in der hinteren Umschlagklappe

[121 D2] Die längste ★ Uferpromenade am See hat Salò zweifelsohne, für viele ist sie auch die schönste. Sie ist praktisch verkehrsfrei, ein Café reiht sich ans nächste, am Ufer stehen Bänke, auf denen man sich mit einer Tüte Eis niederlassen und anderen Urlaubern zusehen kann, die ihre Boote am Steg vertäuen. Leise schaukeln daneben die kleinen Fischerboote, die allmorgendlich hinausfahren und aus dem See herausholen, was Sie in den Feinschmeckerrestaurants von Salò aufgetischt bekommen: *lavarello* und *coregone,* also Gardaseefelchen. Der Ort liegt in einer Bucht am südlichen Westufer, und obgleich es heute ein umtriebiges Städtchen ist, spürt man noch die Aura des eleganten Seebades. Als 1901 die Erde am Gardasee bebte, begann hier gerade der Tourismus, Salò wurde fast dem Erdboden gleichgemacht, und so wurde beim Wiederaufbau die Seepromenade auf Stelzen errichtet.

Salò war immer etwas wohlhabender als die umliegenden Fischerdörfer; 1377 wurde es von den Mailänder Herrschern Visconti als Verwaltungssitz des Westufers be-

SALÒ

stimmt, 1426 ernannten die Venezianer Salò zur »Magnifica Patria della Riviera«. Am Ende der faschistischen Herrschaft erhob Mussolini Salò zur Hauptstadt der faschistischen Sozialrepublik.

SEHENSWERTES

Palazzo del Podestà (Rathaus)
Im 16. Jh. wurde dem alten Rathaus aus dem 14. Jh. eine venezianische Fassade mit Arkadengang verpasst, und das steht ihm bis heute nicht schlecht. Original ist davon nichts mehr, das Erdbeben von 1901 zertörte auch den Palazzo del Podestà. Direkt an diesen schließen sich die Arkaden des Palazzo della Magnifica Patria an. Der Gebäudekomplex wird seit einiger Zeit aufwändig renoviert.

Santa Maria Annunziata
Salò hat als einziger Ort am See einen Dom. Mit dem Bau des spätgotischen Gotteshauses wurde 1453 begonnen. In die schlichte Backsteinfassade wurde später ein weißes Renaissanceportal eingefügt. Zu den Kunstwerken der Kirche zählt ein Bild des Romanino (1486–1560), Sant'Antonio von Padua. (Für zu leger gekleidete Frauen hängen links in der Kirche Schultertücher zum Umhängen.) *Tgl. 8–12 und 15–19 Uhr, Piazza Duomo*

ESSEN & TRINKEN

Antica Trattoria alle Rose
Gianni Briarava wartet in dem modern eingerichteten Lokal mit bester Küche auf. Die klassische *cucina gardesana,* also Gardaseeküche, wird hier kombiniert mit neuen Rezepten serviert: sei es die ländliche Pasta mit Bohnen, gegrilltes Pferdefleisch oder elegantere Fischgerichte. *Mi geschl., Via Gasparo da Salò 33, Tel. 036 54 32 20,* €€€

La Campagnola *(Insider Tipp)*
Angelo Dal Bons Campagnola ist eines der besten Restaurants der Region, die zahlreichen Auszeichnungen kann man im Aufgang bewundern. Dort hängen auch die Manifeste der Slow-Food-Bewegung, allerliebst ins Deutsche übersetzt als »Vereinigung zur Wahrung des Rechts auf Wollust«. Das Essen lässt ebenso wenig Wünsche offen wie die unschlagbar umfangreiche Weinkarte (letzte Zählung: 570 verschiedene Weine!). Unbedingt reservieren! *Di-Mittag und Mo geschl., Via Brunati 11, Tel. 036 52 21 53,* €€€

La Casa del Dolce
Das Eis schmeckt lecker – und man kann zusehen, wie es in dem kleinen Betrieb nebenan hergestellt wird. *Piazza Duomo 1*

Dixieland
Genug von Pizza und Pasta? Wie wäre es zur Abwechslung mal mit Tex-Mex-Food? In dem kleinen Restaurant gibt es Tacos und Enchiladas. Happyhour von 9 bis 17 Uhr (alle Softdrinks 2 Euro, Bier 2,50 Euro), abends dagegen teuer. *Tgl., Piazza della Vittoria 11, Tel. 03 65 52 10 44,* €

EINKAUFEN

Belli
Süchtig nach Cappuccino? Wie wärs mit einer italienischen Kaffeemaschine für zu Hause? Hier zu

WESTUFER

haben, außerdem alles von Alessi. *Via San Carlo 72*

Corsini
Langeweile am Strand? In dieser kleinen Buchhandlung gibt es auch Strandlektüre auf Deutsch. *Piazza Zanelli 17*

Gallery
Designerklamotten für die Dame – und schräg gegenüber bei »Mister Morris« für den Herrn. *Piazza Zanelli 16*

Kenté
Hier finden Sie Designerkleidung aus Mailand, die in Deutschland noch nicht so bekannt ist. *Via Butturini 38*

Markt
★ Jeden Samstagvormittag südlich der Altstadt – einer der größten am See.

Principe
Ein eleganter Schuhladen, hier gibt es die Stiefel und Sandalen der kommenden Saison schon etwas früher. *Lungolago 21*

Melchioretti
Insider Tipp

Dieser Lebensmittelladen sieht aus wie eine alte Drogerie – und genau das war er auch. 1805 gebaut, ist die Einrichtung von 1870 bis heute fast unverändert geblieben. Nur dass statt Kernseife nun Pesto und Pasta in den alten Holzregalen stehen. *Piazza Zanelli 11*

ÜBERNACHTEN

Agriturismo il Bagnolo
Haben Sie Lust auf Urlaub auf dem Bauernhof nur wenige Kilometer vom Gardasee entfernt? Hier wohnen Sie zwar weit oberhalb des Sees, für kurze Ausflüge nach Salò also weniger gut geeignet. Doch wer Ruhe und Natur sucht statt Trubel an der Seepromenade, ist hier richtig. Milch gibt es frisch von der Kuh, Wurstwaren und Käse aus eigener Herstellung. *8 Zi., Ortsteil Bagnolo di Serniga, Tel. 036 52 02 90, Fax 036 52 18 77, www.ilbagnolo.it, €€*

Bellerive
Am erweiterten Yachthafen entstand dieses ganz neue Hotel. Es

---

Insubrisches Klima

Der Schutz des Alpenkamms beschert dem Gardasee seine vielen Sonnentage

Einer der großen Trümpfe des Gardasees ist das so genannte insubrische Klima. Nach einem Keltenstamm benannt, verspricht dieses Klima oft ein angenehm mildes Sommerwetter, wenn jenseits der Alpen noch oder schon wieder Nieselregen niedergeht. Der Gardasee hat es dabei besonders gut getroffen, denn die weiter westlich gelegenen Seen – Comer See, Lago Maggiore und Luganer See – bekommen weitaus mehr Nass vom Himmel ab, vor allem im Frühjahr.

SALÒ

liegt hübsch an der Promenade, hat einen schönen Garten und einen noch schöneren Blick von den kleinen ⚜ Balkonen. *47 Zi., Via Pietro da Salò 11, Tel. 03 65 52 04 10, Fax 03 65 29 07 09, www.hotelbellerive.it,* €€€

Benaco
⚜ Die Lage direkt an der Seepromenade ist reizend, die Fassade ein Schmuckstück, und Terrasse und Frühstücksbalkon bieten eine wunderschöne Aussicht über die Bucht von Salò. *19 Zi., Lungolago Zanardelli 44, Tel. 036 52 03 08, Fax 036 52 10 49,* €€

Laurin
Luxus pur ist die Devise im Romantikhotel Laurin: In dem ansprechend renovierten Art-déco-Hotel am Stadtrand wohnen Sie im Flair alter Tage. Pool, guter Service, gehobene Ausstattung. *38 Zi., Viale Landi 9, Tel. 036 52 20 22, Fax 036 52 23 82, www.laurinsalo.com,* €€€

SPORT & STRÄNDE

Baden
Salò selbst hat praktisch keinen Strand, aber direkt gegenüber in der Bucht, beim Friedhof, gut zu erkennen an der markanten Reihe von Zypressen, kann man baden. Daran schließt sich die Valtenesi an, die Hügellandschaft rund um Manerba. Dort finden Sie zahlreiche weitere Badegelegenheiten: in *Porto San Felice* einen flachen Kiesstrand; die *Spiaggia della Rocca* ist ein großer, freier Kiesstrand nahe der Rocca di Manerba; Manerba bietet in *Pieve Vecchia* einen großen Kiesstrand, aber wenig Schatten; und in *Moniga* gibt es freie Kies- und Felsstrände.

Tauchen
Ausflüge und Kurse bei *Diving Center Taras (Via Fantoni 63, Tel. 036 52 02 25).*

AM ABEND

Der ganze Lungolago von Salò ist abends eine einzige Flaniermeile, man schlendert auf und ab, hin und her, *fare le vasche* nennt sich das auf Italienisch: Bahnen ziehen.

Absolute
Das ist nur was für echte Nachtschwärmer, denn vor Mitternacht ist in dieser Diskothek nichts los. *Am Seeufer, in der Bucht gegenüber der Seepromenade, Via Tavine 42*

Bar Italia
Schon tagsüber sitzt man hier schöner als in den anderen Cafés an der Uferpromenade, nämlich nicht auf dem allgegenwärtigen Plastikmobiliar, sondern auf alten, schmiedeeisernen Stühlen. Abends wird das Café zur Pianobar, drinnen versinkt man dann in roten Lederdiwanen. *Lungolago Zanardelli 24*

Estate Musicale Gasparo da Salò
Auf dem Platz vor dem Dom gibt es an Sommerabenden (Juli–September) klassische Konzerte. *Informationen beim Fremdenverkehrsamt*

AUSKUNFT

Piazza la Serenissima, Tel./Fax 036 52 14 23, www.rivieradeilimoni.it

WESTUFER

ZIELE IN DER UMGEBUNG

Manerba del Garda [121 D–E3]
In dem 3000-Ew.-Städtchen knapp 10 km südlich von Salò bietet sich ein schöner, einfacher Spaziergang auf die 🌟 *Rocca di Manerba* an. Entweder, für die etwas Ausdauernderen, vom Parkplatz unterhalb der Ortsmitte von Montinelle zu Fuß die Via del Melograno entlang oder mit dem Auto auf derselben schmalen Straße bis zum Parkplatz unterhalb des Naturparks; dann sind es nur noch ein paar Schritte bis zur Burgruine. Unlängst wurden die Ausgrabungen weitergeführt und die niedrigen Mauerreste der Burg gut renoviert und – auch auf Deutsch – beschriftet: »Naturpark der Rocca von Manerba und seine wiedergefundene Burg«. Das Plätzchen muss wohl gut geeignet gewesen sein für eine Trutzburg – doch heute ist es vor allem ein wundervoller Aussichtsplatz. Es lohnt sich, einen Tag mit klarem Wetter abzupassen.

Insider Tipp

Auf dem Weg zur Rocca liegt der neue *Agriturismo*-Betrieb *La Filanda (6 Apartments, Via del Melograno 35, Tel. 03 65 55 10 12, www.agriturismo-lafilanda.it, €€)*. Noch ein paar Ecken weiter stoßen Sie auf ein skurriles Hotel – seit Jahrzehnten hat sich hier wohl nichts verändert, manche Gäste kommen auch schon seit Jahrzehnten hierher, fast ausschließlich Deutsche. Im *Albergo Arcadia (10 Zi., Rocca di Manerba, Tel. 03 65 55 10 34, kein Fax, €)* wohnt man allereinfachst, im Hof laufen Hühner herum, abends gibt es alles aus eigenem Anbau und aus eigener Aufzucht, vom Wein übers Olivenöl bis zu Wurst, Fleisch und Käse. Gediegener wohnt man in dem großen Hotel *La Quiete (29 Zi., Via del Rio 2, Tel. 03 65 55 11 56, Fax 03 65 55 18 99, €€)*.

Ein Ausflug in die Umgebung von Manerba lohnt sich auch, wenn Sie Olivenöl einkaufen möchten, einige Produzenten bieten Direktverkauf an: *Bertini Franco (Via Panoramica, Tel. 03 65 55 16 01)*, *Cavazza Novello (Via Leutelmonte 24, Tel. 03 65 55 10 12)*.

San Felice del Benaco [121 D3]
Zwischen Salò und Desenzano liegen die meisten Campingplätze am Gardasee, Hotels gibt es hier bedeutend weniger. Die Strände sind meist ziemlich voll, diejenigen, die nicht zu einem Campingplatz gehören, sind oft frei – doch der Parkplatz ist gebührenpflichtig. Am Wochenende kommen viele Tagesausflügler hinzu – umso erstaunlicher, dass die Nebenstraßen im Hinterland oft einsam sind. So kurvt man gelassen durch Weinhügel und Olivenhaine. Zu besichtigen sind die irgendwie sehr aufgeräumte Ortsmitte von San Felice und seine Kirchen: die *Pfarrkirche* und die Wallfahrtskirche *Madonna del Carmine*. Ein kleiner Badestrand findet sich bei Porto Portese.

Hausgemachte Pasta und eine üppige Fischvorspeisenplatte bekommen Sie im *Ristorante Osvaldo (Di geschl., Porto Portese, Tel. 036 56 21 08, €€)*. Ein großes Haus mit ebensolchem Swimmingpool ist das Hotel *Casimiro (210 Zi., Via Porto Portese 2, Tel. 03 65 62 62 62, Fax 036 56 20 92, www.bluhotels.it, €€)*. Gutes Olivenöl gibt es bei *La Verità (Via delle Gere 2)*.

AUSFLÜGE & TOUREN

Nachbarseen, Flusstäler und eine Stippvisite in Trient

Die Touren sind in der Karte auf dem hinteren Umschlag und im Reiseatlas ab Seite 116 grün markiert

1 AUF ENGEN BERGSTRÄSSCHEN ZUM IDROSEE

Diese mit Abstechern gut 100 km lange Autotour nimmt etwa einen Tag in Anspruch. Zunächst geht es zum Stausee von Valvestino und dann weiter an den Lago d'Idro. Es sei vorausgeschickt: Man muss wirklich gerne Auto fahren, um diese Tour zu unternehmen. Besonders muss man enge Bergsträßchen mit Serpentinen mögen und darf sich vor steil abfallenden Bergflanken, oft nur durch schmale Leitplanken gesichert, nicht fürchten. Auch von der zahlenmäßig überlegenen Konkurrenz der Rennradler und Motorradfahrer sollten Sie sich nicht schrecken lassen – und einen einigermaßen stabilen Magen sollten Sie auch haben. Dann aber: ein Genuss.

Ein lohnender Stopp auf dem Weg nach Trento ist Arco mit der auf einem Felssporn thronenden Burg

Schon in der Ortsmitte von *Gargnano (S. 80)* beginnt die Strecke mit engen, steil aufsteigenden Serpentinen, kurvenreich geht es in den oberen Ortsteilen von Gargnano weiter. Bald verlassen Sie die Zone der Olivenbäume und landwirtschaftlich genutzten Flächen und kommen in waldigere Regionen. Es geht stetig aufwärts. Schließlich fahren Sie auf eine große Staumauer zu: Hier wird der Toscolanobach aufgestaut, was das Betreiben der Papiermühlen im gleichnamigen Tal in Toscolano-Maderno ermöglichte. Die moderne Staumauer schafft den  *Lago di Valvestino,* einen See von wilder Schönheit, nicht so blau und so südlich wie der Gardasee, sondern schmal und grün. Meist liegt er tief unter Ihnen im Tal. Unweit der Staumauer gibt es eine Ausweichstelle; diese sollten Sie kurz ansteuern, um den Blick in die Landschaft auch richtig genießen zu können.

Am Ende des Sees bietet sich ein kleiner Abstecher in das Gebirgsdorf *Magasa* an. Zurück an der Abzweigung, biegen Sie rechts ab,

Insider Tipp

Richtung Capovalle. Sie folgen der Hauptstraße durch den Ort, danach geht es in einigen Serpentinen steil hinunter zum *Lago d'Idro*. Bald sieht man unten den See schimmern. Er ist vor allem bei deutschen Urlaubern mit Kindern und bei Campingfreunden sehr beliebt. Auf den Campingplätzen werden auch Bungalows vermietet. Die ganze Gegend hat eher etwas Gebirgig-Tirolerisches, doch die Orte sind italienisch, mit schmalen Gassen, romanischen Kirchen und Blumentöpfen auf den Balkonen. Auf den kleinen Plätzen sieht man Männer, die Boccia spielen. In *Pieve Vecchia* am Südzipfel des Sees können Sie eine Rast machen und im Straßencafé *(Caffè Sport Garden, Via Trento 56)* den Motorradfahrern hinterherschauen oder in der *Pizzeria Milano (Di geschl., Via Trento 17, Tel. 036 58 34 75, €)* einen Happen essen; angeschlossen ist auch ein einfaches Hotel. Wer sich für ein Picknick am See eindecken möchte, geht in die ortsansässige Käserei *(Caseificio Rendena Val Chiese, Via Trento 15, Do-Nachmittag und Mo geschl.)*. Dort gibt es eine große Auswahl an Trentiner Käsesorten.

Insider Tipp

Den Idrosee durchfließt das Flüsschen Chiese. Wenn Sie diesem flussaufwärts folgen, kommen Sie nach *Lodrone* an der einst so umkämpften Grenze zwischen Lombardei und Trentino. Hier kann man sich die Beine vertreten, kleine Straßen führen durch Obstgärten am Ortsrand. Zurück zum Südufer des Sees geht es auf derselben Straße. Nun folgen Sie dem Lauf des Chiese bis nach Roè-Volciano, der Verkehr nimmt dabei stetig zu. Die Straße ist breiter als der Hinweg, man fährt weniger angespannt, doch die Fahrt ist landschaftlich nicht ganz so schön. In Roè-Volciano biegen Sie nach *Salò (S. 83)* ab und kommen so zurück an den Gardasee.

Fast gebirgig-tirolerisch wirkt der lang gezogene Nachbarsee Lago d'Idro

AUSFLÜGE & TOUREN

2 DURCH DAS SARCATAL NACH TRENTO

Diese knapp 100 km lange Autotour nimmt mit ausreichend Zeit für Besichtigungen zwei Tage in Anspruch. Zunächst geht es durch das wilde Sarcatal in Richtung Arco. Dann kommen Sie an zwei Seen vorbei, um schließlich Trento zu erreichen, die Hauptstadt des Trentino, eine Stadt mit großer Vergangenheit. Am nächsten Tag geht es über Rovereto zurück an den Gardasee. Die Anreise ist auch mit öffentlichen Verkehrsmitteln möglich. Die Innenstadt Trentos ist für den Autoverkehr ohnehin gesperrt, Parkplätze sind rar und nicht billig. Wer in erster Linie Trento ansteuert, kann mit dem Bus bis Rovereto fahren und dort in den Zug umsteigen oder von Riva ganz mit dem Bus nach Trento fahren (Aufenthalt in Arco dennoch möglich).

Die Tour beginnt zwischen Torbole und Riva del Garda direkt unterhalb des Monte Brione. Nach wenigen Kilometern erreichen Sie *Arco*. Dem Ort (13 000 Ew.) sieht man seine interessante Vergangenheit heute noch an; um das alte Bergdorf herum wuchsen die Villen und Hotels des einstigen noblen Kurortes. Am besten stellen Sie das Auto ab und spazieren auf die *Burg (April–Sept. tgl. 10–19, Okt.–März 10–17 Uhr)* hinauf, von dort hat man den besten Überblick. Der Aufstieg beginnt gegenüber der Kirche, ein Schild weist den Weg zum Castello. Die Burg thront weithin sichtbar über dem Ort. 1495 malte Albrecht Dürer die Burg bei seiner Italienreise, als Postkarte bekommt man diese Ansicht in fast jedem Laden des Orts. 1703 schleifte der französische General Herzog Vendôme die Burg. Die *Kirche* von Arco wirkt viel zu groß, scheint fast den Rahmen des Ortes zu sprengen. Sie wurde nach palladianischem Muster zwischen 1613 und 1671 erbaut und ist eines der berühmtesten Bauwerke der späten Trentiner Renaissance. Verlässt man den alten Ortskern, kommt man in den *Parco Arciducale (tgl. 9–20 Uhr):* Den botanischen Garten mit Bäumen und Sträuchern ließ der habsburgische Erzherzog an der Wende zum 20. Jh. pflanzen. Viele exotische und seltene Bäume spenden hier weiträumig Schatten. Beim ehemaligen Kurhaus an der herrschaftlichen Promenade liegt die *Touristeninformation (Viale delle Palme 1, Tel. 04 64 53 22 55, Fax 04 64 53 23 53, www.garda trentino.it)*. Falls Sie jetzt schon Hunger haben: Riesige Pizzen im schönen Innenhof eines alten Palazzo serviert die *Cantina Marchetti (Mo geschl., Piazza Marchetti, Tel. 04 64 51 62 33, €)*. Nobler und besser isst man im *Alla Lega (Mi geschl., Via Vergolano 4, Tel. 04 64 51 62 05, www.ristoranteal lalega.com, €€)*.

Weiter geht es auf der Straße 45 bis nach Dro. Dort dürfen Sie die Abzweigung zum Lago di Cavedine nicht verpassen. Es geht ein paar Kurven hinauf, und schon sind Sie in den *Marocche*, einem wilden Gebiet. Hier ging vor Urzeiten ein gewaltiger Bergsturz zu Tale, die zyklopischen Brocken liegen wie Bauklötze von Riesenkindern verstreut herum. Weiter geht es auf der kurvigen Straße, dann in einer Rechtsserpentine links ab zum *Lago di Cavedine.* An diesem führt eine schmale Straße entlang, es gibt ein paar Picknickplätze und viele Angler. Bei Pietramurata gelangen Sie wieder auf die Hauptstraße nach Trento. Ein weiterer, reizender See wird passiert: der *Lago di Toblino.* Auf einer Insel, die Sie zu Fuß über einen Damm erreichen, liegt das *Wasserschloss* mit seinen markanten Türmen, das auf unzähligen Postkarten abgebildet ist. Im Kern stammt es als Burg aus dem 12. Jh., wurde aber vom Fürstbischof Madruzzo im 16. Jh. in ein komfortables Wohnschloss umgebaut. Heute gibt es dort ein gutes Restaurant

Insider Tipp *(Ristorante Castel Toblino, Di und Nov.–Mai geschl., Via Caffaro 1, Tel. 04 61 86 40 36, www.castelto blino.com, €€–€€€).* Es gibt auch eine Seeterrasse, auf der der nur im Sarcatal angebaute *vin santo* ausgeschenkt wird.

Nach weiteren 20 km erreichen Sie *Trento* (Trient, 105 000 Ew.). Das Konzil von Trient, das zur Rettung der katholischen Kirche vor Luthers Reformation einberufen werden sollte, hat die Stadt an der Etsch weltberühmt gemacht. Bernard von Cles, Fürstbischof von Trient und gewitzter Standortpolitiker, bemühte sich im 15. Jh. darum, Trento zum Austragungsort des Konzils zu machen. Er ließ den mittelalterlichen Festungsort zur Renaissancestadt umbauen. Mit Erfolg: Das Konzil tagte von 1545 bis 1563 in Trento, allerdings unter Cles' Nachfolger Cristoforo Madruzzo.

Beginnen Sie den Stadtrundgang im mächtigen *Castello Buonconsiglio (Di–So 9–12 und 14 bis 17 Uhr),* dem Cles seinen Stempel aufdrückte: Überall in der Burg, die in die Stadtmauer integriert wurde, ist sein Wappen zu sehen, zwei Löwen auf rotem und weißem Grund. Das Schloss, Regierungssitz der Trienter Fürstbischöfe, besteht aus drei Teilen, Castelvecchio, Magno Palazzo und Giunta Albertiana. Der Gang durch die Säle berauscht mit der Farbenpracht der Fresken. Auf keinen Fall verpassen sollten Sie den *Adlerturm* mit den gotischen Monatsfresken. Der kunsthistorisch einzigartige und überaus detailverliebte Bilderzyklus wurde im Auftrag des Fürstbischofs Georg von Lichtenstein zwischen 1390 und 1407 durch den böhmischen Maler Wenzeslaus geschaffen.

Über die Via San Marco gelangt man von der Burg in die Altstadt. An der Ecke zur Via del Suffragio steht der *Palazzo del Monte,* ein Renaissancebau aus dem 16. Jh. mit mythologischen Fresken an der Fassade.

Ein weiteres repräsentatives Stadthaus ist der *Palazzo Galasso,* den der Augsburger Georg Fugger 1602 von Pietro Maria Bagnadore hat errichten lassen. An der Ecke der Via Roma mit der Via Belenzani steht die Kirche *San Francesco Saverio* aus der ersten Hälfte des 18. Jhs. Sie gilt als der bedeutendste Barockbau des Trentino. Die Via Belenzani bringt Sie zum Domplatz. Linker Hand fällt der renovierte *Palazzo Geremia* aus dem 15. Jh. mit seinen venezianischen Fresken an der reich verzierten Fassade auf. Ihm gegenüber steht der *Palazzo Thun,* seit 1873 Sitz der Stadtverwaltung.

Der *Domplatz* mit dem Neptunsbrunnen von 1768 im Zentrum ist einer der schönsten Plätze Italiens. Der Dom, ein mächtiges goti-

AUSFLÜGE & TOUREN

Der Domplatz mit dem Neptunsbrunnen ist das Herz der Trentiner Altstadt

sches Gotteshaus, wurde um das Jahr 1100 über einer älteren Kirche und dem Grab des San Vigilio errichtet. Ein verspieltes Detail ist die geknotete Säule am Domportal, großartig die gotische Fensterrose an der Westfassade. Im Dominneren wurden unter dem Chor die Fundamente der aus dem 6. Jh. stammenden, frühchristlichen Basilika freigelegt. An den Dom schließt sich der *Palazzo Pretorio* an, Anfang des 13. Jhs. erbaut. Darin ist das *Diözesanmuseum* untergebracht. Gegenüber vom Dom bezeugen die Fassaden der *Case Rella* mit ihren niedrigen Lauben das alpine Erbe im Stadtbild.

Kleine, leichte Mittagsmenüs gibt es in der *Bar Teatro (So geschl., Via Mazzurana 15, Tel. 04 61 23 00 70, €)*. Den besten Blick auf das Herz der Stadt haben Sie im *Caffè Italia (Piazza Duomo 7)*. Viel älter als das

Insider Tipp

Ristorante al Vò (So geschl., Vicolo del Vò 11, Tel. 04 61 98 53 74, www.ristorantealvo.it, €€) kann eine Gaststätte kaum sein: 1345 öffnete hier die erste Osteria Trentos; heute gibt es dort traditionelle Trentiner Küche. Mitten im Zentrum (Zimmer mit Domblick verlangen!) und trotzdem nicht teuer wohnen Sie im Hotel *Venezia (40 Zi., Piazza Duomo 45, Tel./Fax 04 61 23 41 14, €–€€)*. Auskunft: *Via Manci 2, Tel. 04 61 98 38 80, Fax 04 61 23 24 26, www.apt.trento.it*

Auf der Rückfahrt über die Strada Statale 12 passieren Sie *Rovereto*. Dort lohnen das Kriegsgeschichtliche Museum *(Museo Storico Italiano della Guerra, April bis Nov. Di–So 10–18 Uhr)* und das neue Museum für moderne Kunst *(S. 43)* einen Stopp. Von Rovereto sind Sie dann in 30 Minuten wieder am Gardasee.

SPORT & AKTIVITÄTEN

Abenteuerspielplatz für Erwachsene

Wasserratten wie Bergfreunde können sich am Gardasee sportlichen Extremen aussetzen

Der Gardasee ist ein Sportsee, ein Abenteuerspielplatz für Erwachsene, für Wasserratten genauso wie für Bergfreunde. Wer es mag, kann sich – vor allem im Norden – sportlichen Extremen aussetzen, bei Starkwind über den See surfen, in senkrechten Wänden aufwärts kraxeln oder mit dem Mountainbike steile Wege auf- und abfahren. Aber auch gemütlichere Freizeitsportler können ihren Hobbys frönen, im Tretboot genüsslich die Sonne und das Bergpanorama genießen, mit dem Familienrad am flacheren Südufer entlangradeln oder durch Olivenhaine und Weinberge wandern.

ABENTEUERSPORT

Manche der modernen Adventuresportarten kann man nicht ohne professionelle Anleitung ausüben, so zum Beispiel das Canyoning. Dabei stürzen sich wagemutige Menschen in Neoprenanzügen und mit Sturzhelmen angeseilt Wasserfälle hinunter und folgen wilden Bachläufen flussabwärts. Die folgenden Veranstalter bieten solche und ähnliche geführte Touren an: *Aventura, Thomas Weiland, Tel. in Deutschland 08821/90 88 76, Fax 90 89 07, www.aventura.de; Canyon Adventures in Torbole (Via Matteotti 5, Tel. 04 64 50 54 06, www.canyon adv.com).*

Keine Frage: Surfen ist Sport Nummer eins am Gardasee – und Ziel Nummer eins der Surfer ist Torbole

BERGSTEIGEN, WANDERN & KLETTERN

Ob Tagestouren in die Berge, Wanderungen durch Hügel oder Spaziergänge am Ufer entlang: Wer gerne zu Fuß geht, dem kann es am Gardasee kaum langweilig werden. Auch für Wanderer gehört natürlich der Gipfel des Monte Baldo zu den höchsten Zielen. Aber auch am Westufer, oberhalb von Gardone, können Sie bis in luftige Höhen vorstoßen.

In Arco nördlich von Riva gibt es ein Bergsteigerbüro. Das *Ufficio delle Guide Alpine (Via Santa Caterina 40, Tel./Fax 04 64 50 70 75, www.guidealpinearco.com)* veranstaltet Kletterkurse, Wanderungen und Canyoningtouren.

Das weltbekannte Kletterturnier *Rock Master* Mitte September in Arco, bei dem sich die Weltelite der Freeclimber versammelt, ist auch

Insider Tipp

Schwindel erregend: Wer die Freeclimbing-Meisterschaften gewinnt, darf sich Rock Master nennen

für Zuschauer ein Spektakel. Aus Naturschutzgründen wird es an künstlichen Kletterwänden ausgetragen. *www.rockmaster.com*

BOCCIA

Weil es so schön an das Italien aus den Filmen der Fünfzigerjahre erinnert – warum nicht auch mal eine (ruhige) Kugel schieben? In Gardas Ortsteil Pontesello gibt es sogar ein richtiges *bocciadromo (Boccia Garda, Via Monte Baldo, Pontesello).*

GOLF

In *Marciaga*, einem Ortsteil von Costermano im Hinterland von Garda, finden Sie den 27-Loch-Platz *Ca' degli Ulivi (Tel. 04 56 27 90 30, Fax 04 56 27 90 39)*. Ein Neun-Loch-Platz befindet sich bei Gargnano: *Golf Club Bogliaco (Via del Golf 21, Tel. 03 65 64 30 06, golfbogliaco @tin.it)*

Das Fünf-Sterne-Golfresort *Palazzo Arzaga Hotel Golf & Saturnia Spa (84 Zi., Carzago di Calvagese della Riviera, Tel. 030 68 06 00, Fax 03 06 80 62 70, www.palazzoarzaga.com, €€€)* liegt 15 km südwestlich von Salò. Und 2004 eröffnete das traumhaft in den Hügeln hinter Peschiera gelegene *Parc Hotel Paradiso & Golf Resort (Ortsteil Paradiso, Tel. 03 65 91 35 40)*. Ausführliche Golfinfos unter: *www.gardaseenews.de/deu/Golf_clubs_am_Gardasee.htm*

RADFAHREN & MOUNTAINBIKING

Wie kräftig man sich in den Bergen um den Gardasee schinden kann, zeigt schon die Tatsache, dass Italiens berühmteste Mountainbikerin, die zweifache Olympiasiegerin Paola Pezzo, hier trainiert. Für ambitionierte Radsportler ist der Norden das beliebteste Revier; das Fremdenverkehrsamt Riva hält hervorragendes Informationsmaterial dazu bereit.

Rund um Riva findet Ende April/Anfang Mai das ★ *Bike-Festival* statt. Höhepunkt der Veranstaltung ist der anstrengende Bikemarathon. Dabei kämpfen mehr als 5000 Mountainbiker mit dem inneren Schweinehund und den hohen Bergen. Ein ähnlicher Wettkampf wird im Oktober in Limone veranstaltet *(www.bike-xtreme.com)*.

Der Monte Baldo ist ganzen Saison das begehrteste Ziel konditionsstarker Radler. Heißer Tipp: Wer sich die Plackerei bergauf sparen möchte, fährt mit der Seilbahn von Malcesine, die zu bestimmten Uhr-

Inside Tipp

SPORT & AKTIVITÄTEN

zeiten Räder transportiert. Und bei *Furioli* in *Malcesine (Piazza Matteotti, Tel. 04 57 40 00 89)* kann man nicht nur Bikes leihen, die Räder werden auch auf den Gipfel des Monte Baldo gebracht. Außerdem gibt es geführte Touren.

Die Provinz Verona hat für die Sommermonate den Service Bus & Bike ins Leben gerufen: Man fährt mit dem Linienbus, der auch das Fahrrad transportiert, bis nach Novezza oder Prada hinauf, und von dort geht es dann nur noch bergab.

Für Mountainbiker gut geeignet sind die Bikehotels, ein Zusammenschluss einiger Hotels, die sich auf die Bedürfnisse der Biker eingestellt haben: Es gibt einen Fahrradraum und eine Werkstatt, eine Waschmaschine, Fahrradtransfer u. Ä. Auskunft: *Bike-Hotels am Gardasee, Via Bastione 7, 38066 Riva, Tel. 04 64 55 36 67, Fax 04 64 55 60 09, cgthbike@anthesi.com*

SEGELN

Auch wenn das Surfen den Gardasee unter jungen Sportlern bekannt gemacht hat, gesegelt wird hier schon viel länger. Berühmt ist die *Centomiglia*, eine Hundert-Meilen-Regatta, die am zweiten Septembersamstag in Bogliaco startet *(www.centomiglia.it)*. Sie ist eine der renommiertesten Binnenseeregatten Europas. Nahezu jegliche Art von Boot kann auf dem Gardasee gemietet werden, Adressen finden Sie im Ortsteil dieses Bandes.

SURFEN

Dieser Wassersport ist zweifelsohne die Königsdisziplin am Gardasee. Es begann in den Siebzigerjahren quasi als ein soziokulturelles Phänomen: Erstmals hatte eine Generation junger Menschen eine Sportart, die sie nicht von den Eltern lernte, sondern von Freunden, der Clique. Der Gardasee eignet sich deshalb so gut zum Surfen, da sein nördlicher Teil aus einem engen Gebirgstal herauswächst, durch das regelmäßige – und mitunter recht starke – Winde wie durch eine Düse blasen.

Torbole am Nordufer ist das Mekka der Surfer schlechthin. Mit dem Einsetzen der Winde ist der See so voll mit Boards, dass es bisweilen scheint, man könne zu Fuß übers Wasser laufen. Günstig: Im Trentiner Teil des Sees dürfen keine Motorboote fahren. Surfschulen und -center mit Brettverleih konzentrieren sich außer in Torbole vor allem in Riva, Malcesine und Gargnano. Genaue Angaben finden Sie in diesem Band bei den einzelnen Orten.

TAUCHEN

Auch Tauchfreunde kommen nicht zu kurz. Statt nach Korallenriffen wird nach versunkenen Galeeren getaucht, und statt bunter Fische gibt es eine beleuchtete Madonnenstatue: Die 3 m große, erleuchtete Figur wurde auf Initiative eines Tauchclubs aus Brenzone in 18 m Tiefe auf dem Seegrund vor Brenzone verankert.

Tauchzentren mit Kursen und Tauchausflügen gibt es u. a. in Riva, Salò, Torri del Benaco und Desenzano; die Adressen finden Sie in diesem Band bei den jeweiligen Orten. Das Tauchcenter *Athos Diving (Assenza di Brenzone, Via Gardesana 54, Tel. 04 56 59 00 15, Fax 04 56 59 40 70, www.athos-diving.com)* veranstaltet Tauchkurse.

MIT KINDERN REISEN

Kinder erwünscht!

Safari-, Wasser und Vergnügungsparks sorgen für Abwechslung. Aber vergessen Sie darüber nicht die natürlichen Angebote des Sees!

Der Gardasee ist eine der besonders kinderfreundlichen Ferienregionen im ohnehin schon kinderfreundlichen Italien. Im Süden des Sees ist das Wasser so flach, dass Eltern ihre Sprösslinge gut plantschen lassen können. Im Norden dagegen wird es für etwas ältere Kinder interessanter; sie können erst den Surfern zusehen und dann vielleicht selbst einmal eine Probestunde auf dem Brett versuchen: Das geht bei nahezu allen Surfschulen, wenn Sie vorher anrufen.

Die folgenden vier Strände in der Südostecke des Sees sind besonders für Kinder geeignet: *Punta Cornicello* (klein, aber mit Bäumen und Spielplatz) in Bardolino, der *Strand am Hafen von Pacengo* (grober, flacher Sandstrand, ein paar Bäume, Tretbootverleih, Duschen und Bar), *Lido di Ronchi* (flacher Sand- und Grasstrand mit Bäumen, Bar und Duschen) sowie die *Spiaggia Comunale in Santa Maria di Lugana* vor der Halbinsel von Sirmione (breiter, grasbewachsener Uferstreifen, mit Spielplatz, Tretboot- und Sonnenschirmverleih). Die große *Spiaggia Sabbioni* (reicher Baumbestand, Kiesstrand, künstliche Badeinseln) am Nordufer im Zentrum von Riva ist eher für größere Kinder geeignet, da hier das Wasser schnell tief wird. Ein auch bei italienischen Jugendlichen beliebter Strand ist die *Spiaggia Parco Fontanella* im Stil eines Freibads mit Duschen, Bars, Tischtennis und Kicker. Auffällig viele Spielplätze gibt es in Riva. Sie sind im Stadtplan, den das Fremdenverkehrsamt kostenlos verteilt, eingezeichnet.

Wasser und Strand – der Gardasee bietet alles, was (nicht nur) das Kinderherz im Urlaub begehrt

NORDUFER

Kletterkurse für Kinder [119 D2]
Kletterkurse für Kinder bietet die Kletterschule *Friends of Arco (Arco, Ortsteil Prabi, Tel. 33 31 66 14 01, www.friendsofarco.it), auch an den künstlichen Wänden des Rockmaster-Wettbewerbs (Di, Mi, Do 17 bis 19 Uhr, 14 Euro).*

Museo del Centro Visitatori Parco Alto Garda Bresciano [117 E5]

Insider Tipp

Das perfekte Regenprogramm: Im ganz neuen, anschaulich gemachten Museum werden Geologie, Flora, Fauna und Leben in der Region erklärt. Die Schrifttafeln sind auf Italienisch, fragen Sie an der Rezeption nach den deutschen Übersetzungen! *Im Sommer Do–Di 10–19 Uhr, Mo und Di Führungen auf Deutsch, 5 Euro, mit Führung 6,50 Euro, Kinder bis 14 Jahre 3 Euro, Tignale, Ortsteil Prabione*

Pfahlbaumuseum Museo delle Palafitte [118 B3]

Das Pfahlbaumuseum in Molina di Ledro am Ledrosee oberhalb von Riva finden auch Kinder spannend. Im anschaulich dekorierten Museum können sie sogar Essensreste bestaunen, die aus dem torfigen Uferschlamm ausgebuddelt wurden. Am See steht der Nachbau eines Pfahlhauses – da lässt sich schön phantasieren, wie die Vorfahren der Italiener hier gelebt haben.

Mitte Juni–Mitte Sept. tgl. 10–13 und 14–18, Mitte Sept.–Nov. und März–Mitte Juni Di–So 9–13 und 14–17 Uhr, 2,50 Euro, Kinder 1,50 Euro

Surfkurs für Kinder [118 C3]

Wenn der Nachwuchs versucht, auf Papas oder Mamas Brett mit dem Surfen zu beginnen, sind die Riggs meist viel zu schwer für die Kleinen. Die Surfschule Vasco Renna in Torbole bietet Kurse mit spezieller Ausrüstung an. *Tel. 04 64 50 59 93, Fax 04 64 50 62 54, www.vascorenna.com*

OSTUFER

Caneva-World [122 C4]

Einer von vielen am Gardasee: In dem Vergnügungspark am südlichen Ortsende von Lazise mit Was-

Gardaland am Ostufer: Attraktion für Kinder zwischen ca. 2 und 70 Jahren

MIT KINDERN REISEN

serpark, Rockcafé und »Mister-Movie-Studios« gibt es auch ein Restaurant mit mittelalterlichen Shows und Abendessen. *Mitte Mai–Mitte Sept. tgl. 10–19 Uhr, sonst je nach Wetterlage, 18 Euro, Kinder bis 1,40 m 15 Euro, bis 1 m frei, Via Fossalta 1, www.aquaparadise.it*

Gardaland [122 C5]

Der bekannteste und älteste (1975 gegründet) der Freizeitparks am Gardasee. Der Freizeitpark bietet Vergnügungen à la Disneyland und ist somit ein Ausflugsziel, das nicht nur Kinder begeistert, sondern auch für Jugendliche und Erwachsene viele Attraktionen bietet: Abenteuerlustige fahren mit der Achterbahn Magic Mountain mit zwei Loopings, bei einer Wassershow sind Wasserspiele und Lasereffekte zu bewundern, und die Kleinen reisen in »Kaffeetassen« durch eine Zwergenwelt. An Wochenenden ist der Park oft hoffnungslos überlaufen! *Mitte März–Mitte Juni, Mitte bis Ende Sept. und 25. Dez.–6. Jan. tgl., Okt.–Mitte Dez. Sa/So 10–18 Uhr, Mitte Juni–Mitte Sept. tgl. 9–24 Uhr, 18 Euro, Kinder 15 Euro, bis 1 m frei, www.gardaland.it*

Parco Natura Viva [123 D4–5]

In diesem Autosafaripark zwischen Pastrengo und Bussolengo im Hinterland von Lazise können Sie auf einer Rundfahrt mit dem eigenen PKW Nashörner, Löwen und Tiger im Freien beobachten. Die Fenster müssen geschlossen bleiben! Nebenan im Zoo wird Kindern besonders der Dinosaurierpark gefallen – auch wenn die Urtiere nur nachgebildet sind. *März–Okt. tgl. 9–18 Uhr, Nov. Do–Di, Feb. Sa/So bei gutem Wetter, Kombiticket Safaripark und Zoo 15 Euro, Kinder bis 12 Jahre 12 Euro, www.parconaturaviva.it*

Riovalli [123 D4]

Wem Baden und Rumliegen alleine nicht genügt, kann in den Wasserpark Riovalli im Hinterland von Bardolino fahren. *Juni–Mitte Sept. Mo bis Fr 9.30–19, Sa/So 9–19 Uhr, 7 Euro (So 9 Euro), Kinder 5 Euro (So 6,50 Euro), Cavaion Veronese, Ortsteil Fosse, an der Schnellstraße nahe Affi, www.riovalli.com*

SÜDUFER

Altomincio Acquapark [122 C6]

In Salionze sul Mincio bei Peschiera finden Sie diese Wassersport- und Grünanlage mit riesigen Rutschbahnen, Schwimm- und Plantschbecken und Spielwiesen. *Ende Mai bis Anfang Sept. tgl. 10–19 Uhr, 10 Euro, Kinder (3–10 Jahre) 8 Euro, www.altomincio.com*

Spielplatz in Desenzano [122 A5] *Insider Tipp*

Einen besonders großen Spielplatz gibt es in Desenzano am Ende der Uferstraße Richtung Peschiera. Dort wurde ein Schiff nachgebaut, und daneben steht sogar eine echte alte Dampflokomotive.

WESTUFER

Vittoriale degli Italiani [121 E2]

Der Besuch des Museums, in dem man nichts anfassen darf, ist für Kinder eine Tortur. Interessant ist aber der Park, schließlich gibt es dort D'Annunzios Auto sowie ein Kriegsschnellboot. *Okt.–März tgl. 9 bis 17, April–Sept. 9–20 Uhr, 7 Euro für den Park, 11 Euro Park und Haus, Kinder 4 bzw. 8 Euro, www.vittoriale.it*

Angesagt!

Was Sie wissen sollten über Trends, die Szene und Kuriositäten am Gardasee

Italienischer Belcanto der Neuzeit

Jovanotto und Eros Ramazzotti würde man in Deutschland als Schlagersänger bezeichnen, nicht so in Italien! Italiener singen nun mal am liebsten in ihrer Sprache, und so sind in den aktuellen Charts neben dem englischsprachigen Allerweltssound immer auch ein paar einheimische *cantanti* oder *cantautori* vertreten.

Modegetränke

Rotwein, Bier und Ramazzotti, das wird immer gerne getrunken, doch wie aus dem Nichts tauchen manchmal neue Getränke auf. So *bicicletta,* ein Mixgetränk aus Campari oder einem anderen Aperitif sowie Prosecco und Eiswürfeln in großbauchigen Gläsern. Aber auch gute Weine sind auf dem Vormarsch, immer mehr Vinotheken eröffnen, mal *enoteca* genannt, mal *vine bar.* Auch hier treffen sich junge Leute. Noch ein Wort zu den Preisen: Je angesagter ein Lokal ist, desto teurer sind die Getränke. In Clubs muss man durchaus 4 Euro oder mehr für einen simplen Orangensaft bezahlen – so bleibt das schicke Jungvolk halbwegs unter sich.

Moda italiana

In jedem größeren Ort am Gardasee locken Boutiquen. In Desenzano, Riva und Malcesine findet man große – und teure – italienische Marken wie Versace, Prada und Dolce & Gabbana, breiter gestreut sind Ketten wie Benetton. Dem Kaufrausch kann man auf den Wochenmärkten verfallen. Dort wird nämlich nicht nur Billigramsch verscherbelt – man findet auch Hochwertiges, das heruntergesetzt wurde.

Fisch sucht Fahrrad

Wo läuft das Sehen und Gesehenwerden ab? Wo wird angebaggert? Am Gardasee ist das leicht zu beantworten: All das passiert auf der Piazza. Ohnehin findet das italienische Leben hauptsächlich im Freien statt. Abends, vor oder nach dem Essen, wird besonders eifrig flaniert. Am Hafen von Riva, am Lungolago von Torbole und Salò, vor allem aber in Desenzano. Hier trifft sich die Jugend aus der ganzen Region: Bevor man in die Megadiskos im Umland aufbricht, wird auf und ab geschlendert.

PRAKTISCHE HINWEISE

Von Anreise bis Zoll

Hier finden sie kurz gefasst die wichtigsten Adressen und Informationen für Ihre Reise an den Gardasee

ANREISE

Auto

Wer aus dem Norden kommt, wählt am einfachsten die Strecke über Österreich und den Brenner. Wer die Mautgebühr der Autobahn sparen möchte oder sowieso lieber langsamer reist, kann die alte Brenner-Passstraße nehmen. Ab Trento haben Sie zwei Möglichkeiten: Entweder fahren Sie hinunter ins Sarcatal und nähern sich dem Gardasee über Arco und Riva. Oder Sie fahren bis Rovereto und kommen dann über Nago nach Torbole. Diese Strecke hat den Vorteil, dass man auf dem letzten Kilometer ab Nago traumhafte Blicke auf den See genießen kann. Wer den Süden des Sees ansteuert, fährt bis zur Autobahnabfahrt Affi nahe Bardolino. Urlauber aus Südwestdeutschland und der Schweiz erreichen den Gardasee über die Autobahn Como–Mailand–Venedig. Für die Benutzung der Autobahnen in Österreich und der Schweiz benötigen Sie eine Vignette, die italienische Autobahn kostet Mautgebühren.

Eine bequeme und umweltfreundliche, aber nicht preiswerte Alternative ist die Anreise mit dem Autozug nach Verona: ein- bis zweimal wöchentlich von Berlin, Düsseldorf, Frankfurt, Hamburg und Hildesheim.

Bahn

Gute Bahnverbindungen gibt es über die Brennerstrecke (München–Innsbruck–Bozen) nach Trento, Rovereto und Verona. In Rovereto kann man in den Linienbus umsteigen, der direkt ans Nordufer des Gardasees fährt. Von Verona aus nimmt man einen Zug nach Mailand und steigt in Peschiera oder Desenzano am Südufer aus.

Flugzeug

Internationale Flughäfen gibt es in Venedig und Mailand, kleinere in Verona, Bergamo und Brescia. Von dort gelangt man entweder mit Bussen und Bahnen oder mit dem Mietwagen an den Gardasee.

AUSKUNFT

Staatliches Italienisches Fremdenverkehrsamt Enit

– *Kaiserstr. 65, 60329 Frankfurt*
– *Kärntnerring 4, 1010 Wien*
– *Uraniastr. 32, 8001 Zürich*
– *Gebührenfreie Nummer für Deutschland, Österreich und die Schweiz: 008 00 00 48 25 42*

AUTO

Die Höchstgeschwindigkeit beträgt in Ortschaften 50, auf Landstraßen 90, auf Schnellstraßen 110 und auf Autobahnen 130 (auf einigen ausgeschilderten Abschnitten 150) km/h. Auf allen Straßen außerhalb geschlossener Ortschaften muss auch tagsüber mit Abblendlicht gefahren werden, für Motorrad- und Mopedfahrer gilt das überall. Die Promillegrenze liegt bei 0,5. In jedem Auto muss für jeden Insassen eine Warnweste mitgeführt werden, und zwar im Fahrgastraum, nicht im Kofferraum. In den Orten gibt es fast nur bezahlte Parkplätze, und die Polizei verteilt rigoros Strafzettel. Fast alle Tankstellen sind – außer an der Autobahn – in der Mittagszeit und sonntags geschlossen. *ACI (Automobile Club d'Italia): Tel. 045 59 53 33*

BANKEN & KREDITKARTEN

Geldautomaten sind überall reichlich vorhanden, die gängigen Kreditkarten werden an Tankstellen, in fast allen Hotels, den meisten Restaurants sowie in vielen Geschäften akzeptiert.

BUSSE

Man kann es gar nicht oft genug sagen: Lassen Sie Ihr Auto auf dem Hotelparkplatz, und benutzen Sie öffentliche Verkehrsmittel! Die Straßen rund um den See sind ohnehin chronisch verstopft. Die Busfahrt von Riva nach Limone kostet keine 2 Euro, eine Stunde Parken in Limone 1 Euro. In allen Fremdenverkehrsämtern gibt es die Busfahrpläne, und die Busse fahren ziemlich pünktlich, sofern der Verkehr es zulässt. Fahrscheine *(biglietti)* müssen vor Fahrtantritt gelöst werden, in den größeren Orten an der zentralen Fahrkartenstelle am Busbahnhof, ansonsten in Tabakläden. Man kann auch im Bus lösen, zahlt dann aber fast das Doppelte.

CAMPING

Nicht alle Ufer des Gardasees eignen sich gleich gut für Campinganlagen; im Norden ist wegen der steilen Felswände einfach zu wenig

Ferienlektüre

Drei Lesetipps für den Urlaub am Gardasee

Der zeitgenössische deutsche Autor Bodo Kirchhoff erklärt in den »Katastrophen mit Seeblick« den »Beginn der südlichen Weite« zu seinem bevorzugten Seeabschnitt: »Eine schmale, besonders am Westufer ausgeprägte Zone des Übergangs, die von jeher für den Geist ihre Anziehung hatte.« Eine poetische Zeitreise an den Gardasee mit kommentierten Textauszügen von Catull über Goethe bis James Joyce ist Dirk Heißerers »Meeresbrausen Sonnenglanz. Poeten am Gardasee« – die umfassendste Anthologie zum Thema! Unter dem Titel »Gardasee – Wo der Süden beginnt« hat die ehemalige »Brigitte«-Literaturredakteurin Franziska Wolffheim ihre ganz persönliche Liebeserklärung an den Gardasee geschrieben.

PRAKTISCHE HINWEISE

Platz. Die meisten Campingplätze finden sich im Süden, in der Valtenesi zwischen Desenzano und Salò. Die meisten bieten einen guten Standard. Die Kosten liegen etwa bei 11 Euro für einen Standplatz, 7 Euro für Erwachsene und 5 Euro für Kinder pro Tag. Besser ausgestattete oder einfachere Campingplätze sind als solche im Ortsteil erwähnt, die anderen liegen in der genannten Preisklasse.

DIPLOMATISCHE VERTRETUNGEN

Deutsches Konsulat
Via Solferino 40, Mailand, Tel. 026 23 11 01

Österreichisches Konsulat
Piazza del Liberty 8/4, Mailand, Tel. 02 78 37 43

Konsulat der Schweiz
Via Palestro 2, Mailand, Tel. 027 77 91 61

EINREISE

Der Personalausweis reicht aus, über Österreich kommt man dank Schengener Abkommen ohne Grenzkontrolle nach Italien.

EINTRITTSPREISE

Junge und alte Menschen (bis 12 und ab 60) haben in vielen Museen freien Eintritt. Kleinere Einrichtungen sind ohnehin nicht teuer, aber in den Highlights wie dem Vittoriale und dem Giardino Botanico in Gardone, der Cascata del Varone in Riva und den Grotten des Catull in Sirmione zahlen Sie zwischen 4 und 12 Euro.

Was kostet wie viel?

Kaffee	**1,50–3 Euro** für einen Cappuccino
Imbiss	**ab 1,50 Euro** für ein belegtes *panino*
Wein	**ab 3 Euro** für einen Viertelliter
Olivenöl	**ab 5 Euro** für 1 l *olio extravergine*
Benzin	**um 1,25 Euro** für 1 l Super bleifrei
Seilbahn	**15 Euro** für die Hin- und Rückfahrt auf den Monte Baldo

FÄHREN

Die Autofähren Maderno–Torri del Benaco (tagsüber etwa stündlich) und Limone–Malcesine ersparen die Fahrt um den halben See. Außerdem gibt es in der Hauptsaison eine Autofähre Riva–Desenzano und zurück, mit wenigen Stopps. Passagierschiffe zwischen Desenzano und Riva steuern fast alle Orte an. Im Hochsommer werden abendliche Kreuzfahrten veranstaltet. Fahrpläne bekommen Sie bei den Fremdenverkehrsämtern und an den Anlegestellen; dort gibt es auch die Tickets, die vor Fahrtantritt gelöst werden müssen.

GESUNDHEIT

Die unkomplizierteste Methode: Im Krankheitsfall bezahlt man Arzt und Medikamente vor Ort und legt die Rechnung zu Hause der Krankenkasse zur meist problemlosen

www.marcopolo.de

Im Internet auf Reisen gehen

Mit über 10 000 Tipps zu den beliebtesten Reisezielen ist MARCO POLO auch im Internet vertreten. Sie wollen nach Paris, auf die Kanaren oder ins australische Outback? Per Mausklick erfahren Sie unter www.marcopolo.de Wissenswertes über Ihr Reiseziel. Zusätzlich zu den Informationen aus den Reiseführern bieten wir Ihnen online:

- das *Reise Journal* mit aktuellen News, Artikeln, Reportagen
- den *Reise Service* mit Routenplaner, Währungsrechner und Compact Guides
- den *Reise Markt* mit Angeboten unserer Partner rund um das Thema Urlaub

Es lohnt sich vorbeizuschauen: Wöchentlich aktualisiert, gibt es immer wieder Neues zu entdecken. Bleiben Sie auf dem Laufenden mit unserem E-Mail-Newsletter, den Sie kostenlos abonnieren können!

Erstattung vor. Auch die neue European Health Insurance Card (EHIC) wird akzeptiert. Wer auf Nummer sicher gehen will, schließt eine Auslandskrankenversicherung ab.

INTERNET

www.gardainforma.com
Die Website wurde komplett überarbeitet und bietet nun einen umfassenden und gelungenen Überblick über Hotels und Orte am See.

www.rivieradeilimoni.it
Etwas umständlich organisierte Website mit Informationen über die Orte am Westufer, von Limone bis Salò.

www.lagodigarda.it
Informiert umfassend, mit Schwerpunkt auf Übernachtungsmöglichkeiten, neuerdings ist auch Onlinebuchung möglich.

www.enit.it
Die offizielle Website des Italienischen Fremdenverkehrsamts ist für den Gardasee etwas umständlich, da nach Regionen sortiert; man muss sich die Informationen also bei Veneto, Lombardia und Trentino-Alto Adige zusammensuchen.

www.gardatrentino.com
Ausführliche Website für das Trentino (Riva, Torbole, Nago, Arco).

www.onde.net/dese_cam
Eine Webcam liefert aktuelle Bilder vom Hafen in Desenzano.

INTERNETCAFÉS

Die Fluktuation ist hoch, es öffnen jedoch immer mehr, sodass Sie keine Schwierigkeiten haben werden, in den größeren Orten ein Internetcafé zu finden.

PRAKTISCHE HINWEISE

KLIMA & REISEZEIT

Am Gardasee ist eigentlich immer Saison. Im Winter sind zwar nur wenige Hotels geöffnet, dafür entfaltet besonders das Westufer gerade dann seinen Jahrhundertwendecharme. Im Frühjahr lädt das milde Klima zum Wandern ein, erste Surfer wagen sich bereits aufs Wasser. Die Hotelpreise sind außer an Ostern günstiger als zur Hochsaison. Im Sommer kann es ordentlich heiß werden, außerdem kommen dann zu den Ausländern noch Italiener in Scharen. Der Herbst kann traumhaft schön sein mit toller Fernsicht von den Bergen.

MIETWAGEN

In vielen Orten am See gibt es Leihwagenfirmen *(autonoleggio)*, internationale Firmen sind ebenso vertreten wie lokale Anbieter. In der Hauptsaison empfiehlt es sich, im Voraus einen Wagen zu reservieren. Angebote für Mietwagen finden Sie unter *www.marcopolo.de*.

NOTRUF

Polizei *113*, Notarzt *118*, Feuerwehr *115*, Seenotrettungsdienst *15 30*

ÖFFNUNGSZEITEN

Die in Italien nicht einheitlich geregelten Öffnungszeiten der Geschäfte sind meist Mo–Sa 9–12.30 und 15.30–19.30 Uhr, größere Supermärkte auch durchgehend ohne Mittagspause. In vielen Orten haben die Läden in den Fußgängerzonen abends bis 22 Uhr geöffnet.

Wetter in Riva

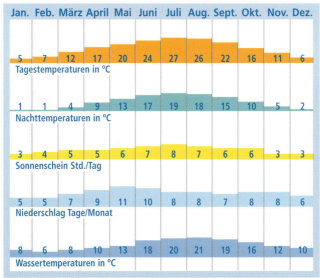

	Jan.	Feb.	März	April	Mai	Juni	Juli	Aug.	Sept.	Okt.	Nov.	Dez.
Tagestemperaturen in °C	5	7	12	17	20	24	27	26	22	16	11	6
Nachttemperaturen in °C	1	1	4	9	13	17	19	18	15	10	5	2
Sonnenschein Std./Tag	3	4	5	5	6	7	8	7	6	6	3	3
Niederschlag Tage/Monat	5	5	7	9	11	10	8	8	7	8	8	6
Wassertemperaturen in °C	8	6	8	10	13	18	20	21	19	16	12	10

Die meisten Lebensmittelläden sind auch am Sonntagvormittag geöffnet. Restaurants sind normalerweise von 12 bis 14 oder 15 Uhr und von 19 bis 22 Uhr geöffnet, im Hochsommer abends auch länger.

POST

Postämter sind Mo–Fr von 8.15 bis 13.30 und Sa bis 12 Uhr geöffnet. Briefmarken *(francobolli)* gibt es bei der Post oder in Tabakläden *(tabacchi)*, aber nur selten dort, wo man Postkarten kaufen kann.

PREISE

Wer seinen Cappuccino mit Seeblick genießen möchte, wird dafür mehr bezahlen, also gerne mal 2,50 oder 3 Euro anstatt der üblichen 1,50. Ein Aperitif kostet ab 2,50 Euro aufwärts. Wer mehr als eine Pizza (etwa 6,50 Euro) möchte, also richtig italienisch bestellt: Antipasti, Pasta, Hauptspeise, Wein und Dessert, muss zu zweit mit mindestens 60 Euro rechnen. Unter 50 Euro wird man selten ein Doppelzimmer finden.

TELEFON & HANDY

Die Vorwahl nach Italien ist 0039. Die Null am Beginn jeder Festnetznummer muss mitgewählt werden, sowohl vom Ausland aus als auch bei Ortsgesprächen. Mobilfunknummern (oft 338 oder 339) werden immer ohne Null gewählt. Vorwahl von Italien nach Deutschland 0049, nach Österreich 0043, in die Schweiz 0041. Telefonkarten gibt es in den *tabacchi*-Läden.

Die meisten deutschen Handys funktionieren problemlos in Italien. Allerdings sind die Telefongebühren aus dem Ausland um ein Vielfaches höher als in Deutschland. Sogar die in deutschen Netzen günstigen SMS gehen vom Ausland aus mächtig ins Geld. Wer viel telefoniert oder oft in Italien ist, für den lohnt sich der Kauf eines italienischen Pre-paid-Chips für 50 Euro, den es in italienischen Mobilfunkgeschäften gibt. Informieren Sie sich über so genannte Calling Cards, die Sie in Deutschland kaufen und mit denen Sie von Ihrem Urlaubsort aus telefonieren können.

TRINKGELD

Fünf bis zehn Prozent sind üblich, wenn Sie mit dem Service zufrieden waren. In Restaurants und Bars lässt man sich zuerst das Wechselgeld herausgeben und legt das Trinkgeld dann auf das Tellerchen mit der Rechnung.

ZEITUNGEN

Deutsche Tageszeitungen und Magazine sind in vielen Kiosken bereits am selben Tag erhältlich. Die deutschsprachige »Gardasee-Zeitung« erscheint monatlich (im Hochsommer zweiwöchentlich) und liegt gratis in den Zeitungskiosken und bei den Fremdenverkehrsämtern aus. Sie enthält u. a. Veranstaltungstermine sowie Schiffs- und Busfahrpläne.

ZOLL

Waren für den persönlichen Bedarf sind in der EU zollfrei. Richtwerte hierfür: u. a. 90 l Wein, 10 l Spirituosen, 800 Zigaretten. Für Schweizer gelten geringere Freimengen.

SPRACHFÜHRER ITALIENISCH

Parli italiano?

»Sprichst du Italienisch?«
Dieser Sprachführer hilft Ihnen, die wichtigsten
Wörter und Sätze auf Italienisch zu sagen

Zur Erleichterung der Aussprache:

c, cc	vor »e, i« wie deutsches »tsch« in deutsch, Bsp.: die**c**i, sonst wie »k«
ch, cch	wie deutsches »k«, Bsp.: pa**cch**i, **ch**e
ci, ce	wie deutsches »tsch«, Bsp.: **ci**ao, **ci**occolata
g, gg	vor »e, i« wie deutsches »dsch« in Dschungel, Bsp.: **g**ente
gl	ungefähr wie in »Familie«, Bsp.: fi**gl**io
gn	wie in »Kognak«, Bsp.: ba**gn**o
sc	vor »e, i« wie deutsches »sch«, Bsp.: u**sc**ita
sch	wie in »Skala«, Bsp.: I**sch**ia
sci	vor »a, o, u« wie deutsches »sch«, Bsp.: la**sci**are
z	immer stimmhaft wie »ds«

Ein Akzent steht im Italienischen nur, wenn die letzte Silbe betont wird. In den übrigen Fällen haben wir die Betonung durch einen Punkt unter dem betonten Vokal angegeben.

AUF EINEN BLICK

Ja./Nein.	Sì./No.
Vielleicht.	Forse.
Bitte./Danke.	Per favore./Grazie.
Gern geschehen.	Non c'è di che!
Entschuldigen Sie!	Scusi!
Wie bitte?	Come dice?
Ich verstehe Sie/dich nicht.	Non La/ti capisco.
Ich spreche nur wenig ...	Parlo solo un po' di ...
Können Sie mir bitte helfen?	Mi può aiutare, per favore?
Ich möchte ...	Vorrei ...
Haben Sie ...?	Ha ...?
Wie viel kostet es?	Quanto costa?
Wie viel Uhr ist es?	Che ore sono?/Che ora è?

KENNENLERNEN

Guten Morgen!/Tag!	Buon giorno!
Guten Abend!	Buona sera!

Gute Nacht!	Buona notte!
Hallo!/Grüß dich!	Ciao!
Wie geht es Ihnen/dir?	Come sta?/Come stai?
Danke. Und Ihnen/dir?	Bene, grazie. E Lei/tu?
Auf Wiedersehen!	Arrivederci!
Tschüss!	Ciao!
Bis bald!	A presto!
Bis morgen!	A domani!

UNTERWEGS

Auskunft

links	a sinistra
rechts	a destra
geradeaus	diritto
nah	vicino
weit	lontano
Wie weit ist das?	Quanti chilometri sono?
Ich möchte … mieten.	Vorrei noleggiare …
… ein Auto …	… una macchina.
… ein Fahrrad …	… una bicicletta.
… ein Boot …	… una barca.
Bitte, wo ist …	Scusi, dov'è …
… der Bahnhof?	… la stazione?
… die Haltestelle?	… la fermata?
… der Hafen?	… il porto?
Zum … Hotel.	All'albergo …

Panne

Ich habe eine Panne.	Ho un guasto.
Würden Sie mir einen Abschleppwagen schicken?	Mi potrebbe mandare un carro-attrezzi?
Gibt es hier in der Nähe eine Werkstatt?	Scusi, c'è un'officina qui vicino?

Tankstelle

Wo ist bitte die nächste Tankstelle?	Dov'è la prossima stazione di servizio, per favore?
Ich möchte … Liter …	Vorrei … litri di …
… Super./… Diesel.	… super./… gasolio.
… Bleifrei./… Verbleit.	… senza piombo./… con piombo.
Voll tanken, bitte.	Il pieno, per favore.

Unfall

Hilfe!	Aiuto!
Achtung!/Vorsicht!	Attenzione!
Rufen Sie bitte schnell …	Chiami subito …

SPRACHFÜHRER ITALIENISCH

... einen Krankenwagen.	... un'autoambulanza.
... die Polizei.	... la polizia.
Haben Sie Verbandszeug?	Ha materiale di pronto soccorso?
Es war meine Schuld.	È stata colpa mia.
Es war Ihre Schuld.	È stata colpa Sua.
Geben Sie mir bitte Ihren Namen und Ihre Anschrift!	Mi dia il Suo nome e indirizzo, per favore!

ESSEN/UNTERHALTUNG

Wo gibt es hier ...	Scusi, mi potrebbe indicare ...
... ein gutes Restaurant?	... un buon ristorante?
... ein typisches Restaurant?	... un locale tipico?
Gibt es in der Nähe eine Eisdiele?	C'è una gelateria qui vicino?
Reservieren Sie uns bitte für heute Abend einen Tisch für vier Personen.	Può riservarci per stasera un tavolo per quattro persone?
Auf Ihr Wohl!	(Alla Sua) salute!
Bezahlen, bitte.	Il conto, per favore.
Hat es geschmeckt?	Andava bene?
Das Essen war ausgezeichnet.	(Il mangiare) era eccellente.
Haben Sie einen Veranstaltungskalender?	Ha un programma delle manifestazioni?

EINKAUFEN

Wo finde ich ...	Dove posso trovare ...
... eine Apotheke?	... una farmacia?
... eine Bäckerei?	... un panificio?
... ein Fotogeschäft?	... un negozio di articoli fotografici?
... ein Lebensmittelgeschäft?	... un negozio di generi alimentari?
... den Markt?	... il mercato?
... einen Supermarkt?	... un supermercato?
... einen Tabakladen?	... un tabaccaio?
... einen Zeitungshändler?	... un giornalaio?

ÜBERNACHTEN

Können Sie mir bitte ... empfehlen?	Scusi, potrebbe consigliarmi ...
... ein Hotel ...	... un albergo?
... eine Pension ...	... una pensione?
Ich habe bei Ihnen ein Zimmer reserviert.	Ho prenotato una camera.
Haben Sie noch ...	È libera ...

… ein Einzelzimmer?	… una singola?
… ein Zweibettzimmer?	… una doppia?
… mit Dusche/Bad?	… con doccia/bagno?
… für eine Nacht?	… per una notte?
… für eine Woche?	… per una settimana?
Was kostet das Zimmer …	Quanto costa la camera …
… mit Frühstück?	… con la prima colazione?
… mit Halbpension?	… a mezza pensione?

PRAKTISCHE INFORMATIONEN

Arzt

Können Sie mir einen guten Arzt empfehlen?	Mi può consigliare un buon medico?
Ich habe Durchfall.	Soffro di diarrea.
Ich habe …	Ho …
… Fieber.	… la febbre.
… Kopfschmerzen.	… mal di testa.
… Zahnschmerzen.	… mal di denti.

Post

Was kostet …	Quanto costa …
… ein Brief …	… una lettera …
… eine Postkarte …	… una cartolina …
… nach Deutschland?	… per la Germania?

ZAHLEN

0	zero		19	diciannove
1	uno		20	venti
2	due		21	ventuno
3	tre		30	trenta
4	quattro		40	quaranta
5	cinque		50	cinquanta
6	sei		60	sessanta
7	sette		70	settanta
8	otto		80	ottanta
9	nove		90	novanta
10	dieci		100	cento
11	undici		101	centouno
12	dodici		200	duecento
13	tredici		1000	mille
14	quattordici		2000	duemila
15	quindici		10000	diecimila
16	sedici			
17	diciassette		1/2	un mezzo
18	diciotto		1/4	un quarto

REISEATLAS

Reiseatlas Gardasee

Die Seiteneinteilung für den Reiseatlas finden Sie auf dem hinteren Umschlag dieses Reiseführers

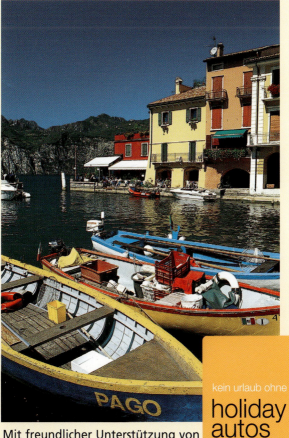

Mit freundlicher Unterstützung von

kein urlaub ohne
holiday autos

www.holidayautos.com

| A | B | C | anzeige |

sie wollen mehr sehen im urlaub?

dann buchen sie einen mietwagen von holiday autos.
zu alles inklusive preisen. buchen sie in ihrem reisebüro,
unter www.holidayautos.de oder telefonisch unter
0180 5 17 91 91 (12 ct/min)

kein urlaub ohne
holiday autos

KARTENLEGENDE REISEATLAS

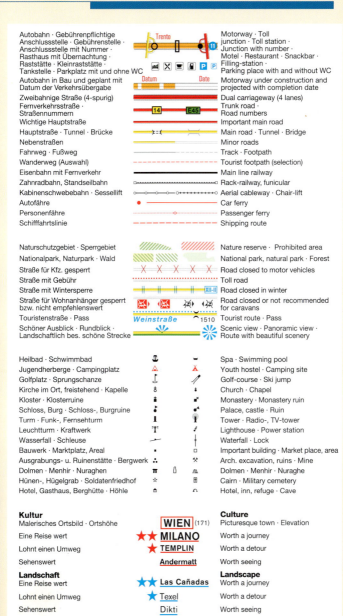

Autobahn · Gebührenpflichtige Anschlussstelle · Gebührenstelle · Anschlussstelle mit Nummer · Rasthaus mit Übernachtung · Raststätte · Kleinraststätte · Tankstelle · Parkplatz mit und ohne WC	Motorway · Toll junction · Toll station · Junction with number · Motel · Restaurant · Snackbar · Filling-station · Parking place with and without WC
Autobahn in Bau und geplant mit Datum der Verkehrsübergabe	Motorway under construction and projected with completion date
Zweibahnige Straße (4-spurig)	Dual carriageway (4 lanes)
Fernverkehrsstraße · Straßennummern	Trunk road · Road numbers
Wichtige Hauptstraße	Important main road
Hauptstraße · Tunnel · Brücke	Main road · Tunnel · Bridge
Nebenstraßen	Minor roads
Fahrweg · Fußweg	Track · Footpath
Wanderweg (Auswahl)	Tourist footpath (selection)
Eisenbahn mit Fernverkehr	Main line railway
Zahnradbahn, Standseilbahn	Rack-railway, funicular
Kabinenschwebebahn · Sessellift	Aerial cableway · Chair-lift
Autofähre	Car ferry
Personenfähre	Passenger ferry
Schifffahrtslinie	Shipping route
Naturschutzgebiet · Sperrgebiet	Nature reserve · Prohibited area
Nationalpark, Naturpark · Wald	National park, natural park · Forest
Straße für Kfz. gesperrt	Road closed to motor vehicles
Straße mit Gebühr	Toll road
Straße mit Wintersperre	Road closed in winter
Straße für Wohnanhänger gesperrt bzw. nicht empfehlenswert	Road closed or not recommended for caravans
Touristenstraße · Pass	Tourist route · Pass
Schöner Ausblick · Rundblick · Landschaftlich bes. schöne Strecke	Scenic view · Panoramic view · Route with beautiful scenery
Heilbad · Schwimmbad	Spa · Swimming pool
Jugendherberge · Campingplatz	Youth hostel · Camping site
Golfplatz · Sprungschanze	Golf-course · Ski jump
Kirche im Ort, freistehend · Kapelle	Church · Chapel
Kloster · Klosterruine	Monastery · Monastery ruin
Schloss, Burg · Schloss-, Burgruine	Palace, castle · Ruin
Turm · Funk-, Fernsehturm	Tower · Radio-, TV-tower
Leuchtturm · Kraftwerk	Lighthouse · Power station
Wasserfall · Schleuse	Waterfall · Lock
Bauwerk · Marktplatz, Areal	Important building · Market place, area
Ausgrabungs- u. Ruinenstätte · Bergwerk	Arch. excavation, ruins · Mine
Dolmen · Menhir · Nuraghen	Dolmen · Menhir · Nuraghe
Hünen-, Hügelgrab · Soldatenfriedhof	Cairn · Military cemetery
Hotel, Gasthaus, Berghütte · Höhle	Hotel, inn, refuge · Cave

Kultur / **Culture**
- Malerisches Ortsbild · Ortshöhe — WIEN (171) — Picturesque town · Elevation
- Eine Reise wert — ★★ MILANO — Worth a journey
- Lohnt einen Umweg — ★ TEMPLIN — Worth a detour
- Sehenswert — Andermatt — Worth seeing

Landschaft / **Landscape**
- Eine Reise wert — ★★ Las Cañadas — Worth a journey
- Lohnt einen Umweg — ★ Texel — Worth a detour
- Sehenswert — Dikti — Worth seeing

Ausflüge & Touren — **Excursions & tours**

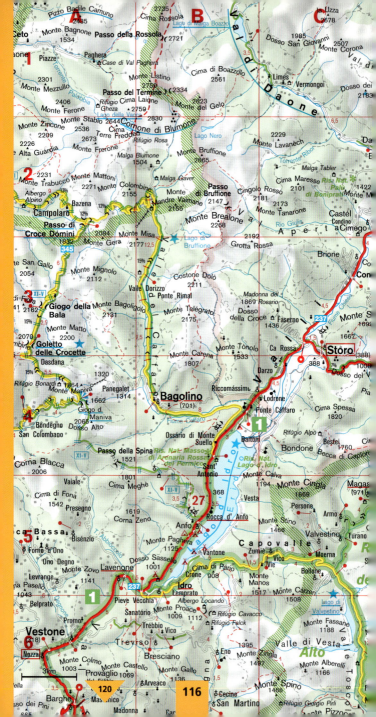

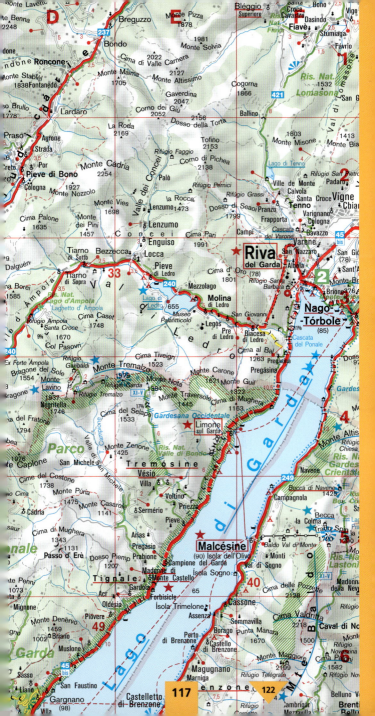

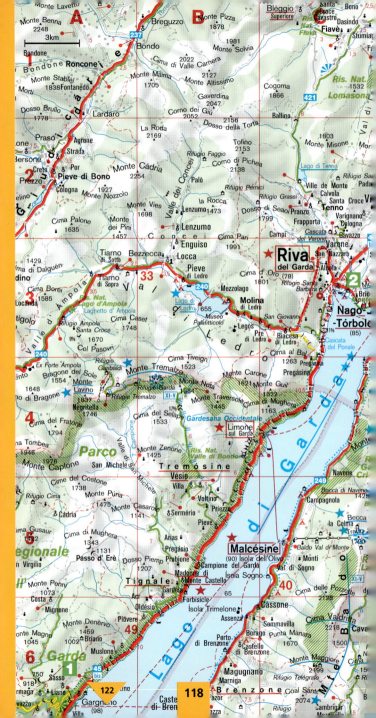

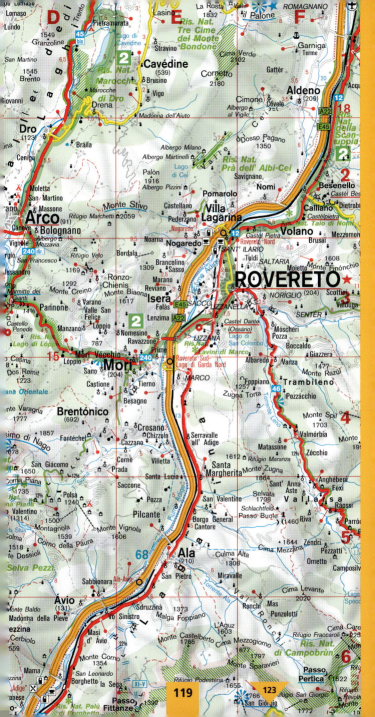

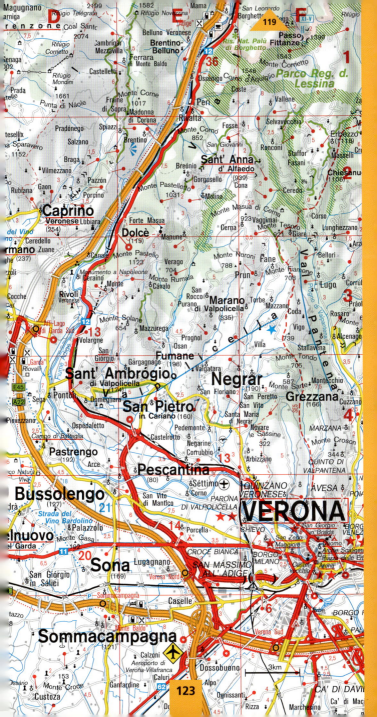

anzeige

mehr sehen schon vor dem urlaub:
hier zeigen wir ihnen alle vorteile von
holiday autos.

als weltgrößter vermittler von ferienmietwagen
bieten wir ihnen mietwagen in über 80 urlaubsländern
zu äußerst attraktiven alles inklusive preisen.
und wenn wir von „alles inklusive" reden, dann meinen
wir das auch so. denn im preis von holiday autos
ist wirklich alles inbegriffen:

- vollkaskoversicherung ohne selbstbeteiligung im schadensfall
- kfz-diebstahlversicherung ohne selbstbeteiligung
- erhöhte haftpflichtdeckungssumme
- unbegrenzte kilometer
- alle lokalen steuern
- flughafenbereitstellung
- flughafengebühren

buchen sie gleich in ihrem reisebüro,
unter www.holidayautos.de oder
telefonisch unter 0180 5 17 91 91 (12 ct/min)

kein urlaub ohne

holiday
autos

MARCO POLO

www.marcopolo.de

Für Ihre nächste Reise gibt es folgende Titel:

Deutschland Allgäu · Amrum/Föhr · Bayerischer Wald · Berlin · Bodensee · Chiemgau/Berchtesgadener Land · Dresden/Sächsische Schweiz · Düsseldorf · Eifel · Erzgebirge/Vogtland · Franken Frankfurt · Hamburg · Harz · Heidelberg · Köln · Lausitz/Spreewald/Zittauer Gebirge · Leipzig · Lüneburger Heide/Wendland · Mark Brandenburg · Mecklenburgische Seenplatte · Mosel · München · Nordseeküste Schleswig-Holstein · Oberbayern · Ostfriesische Inseln · Ostfriesland Nordseeküste Niedersachsen · Ostseeküste Mecklenburg-Vorpommern · Ostseeküste Schleswig-Holstein · Pfalz · Potsdam Rheingau/Wiesbaden · Rügen/Hiddensee/Stralsund · Ruhrgebiet · Schwäbische Alb · Schwarzwald Stuttgart · Sylt · Thüringen · Usedom · Weimar **Österreich/Schweiz** Berner Oberland/Bern Kärnten · Österreich · Salzburger Land · Schweiz · Tessin · Tirol · Wien · Zürich **Frankreich** Bretagne Burgund · Côte d'Azur · Disneyland Paris · Elsass · Frankreich · Französische Atlantikküste · Korsika Languedoc-Roussillon · Loire-Tal · Normandie · Paris · Provence **Italien/Malta** Apulien · Capri Dolomiten · Elba/Toskanischer Archipel · Emilia-Romagna · Florenz · Gardasee · Golf von Neapel · Ischia Italien · Italienische Adria · Italien Nord · Italien Süd · Kalabrien · Ligurien · Mailand/Lombardei · Malta Oberitalienische Seen · Piemont/Turin · Rom · Sardinien · Sizilien/Liparische Inseln · Südtirol · Toskana Umbrien · Venedig · Venetien/Friaul **Spanien/Portugal** Algarve · Andalusien · Barcelona Costa Blanca · Costa Brava · Costa del Sol/Granada · Fuerteventura · Gran Canaria · Ibiza/Formentera Jakobsweg/Spanien · La Gomera/El Hierro · Lanzarote · La Palma · Lissabon · Madeira · Madrid · Mallorca Menorca · Portugal · Spanien · Teneriffa **Nordeuropa** Bornholm · Dänemark · Finnland · Island Kopenhagen · Norwegen · Schweden · Südschweden/Stockholm **Westeuropa/Benelux** Amsterdam · Brüssel · England · Flandern · Irland · Kanalinseln · London · Luxemburg · Niederlande Niederländische Küste · Schottland · Südengland **Osteuropa** Baltikum · Budapest · Estland Kaliningrader Gebiet · Lettland · Litauen/Kurische Nehrung · Masurische Seen · Moskau · Plattensee Polen · Polnische Ostseeküste/Danzig · Prag · Riesengebirge · Rumänien · Russland · Slowakei St. Petersburg · Tschechien · Ungarn **Südosteuropa** Bulgarien · Bulgarische Schwarzmeerküste · Kroatische Küste/Dalmatien · Kroatische Küste/Istrien/Kvarner · Montenegro · Slowenien **Griechenland/Türkei** Athen · Chalkidiki · Griechenland Festland · Griechische Inseln/Ägäis Istanbul · Korfu · Kos · Kreta · Peloponnes · Rhodos · Samos · Santorin · Türkei · Türkische Südküste Türkische Westküste · Zakinthos · Zypern **Nordamerika** Alaska · Chicago und die Großen Seen Florida · Hawaii · Kalifornien · Kanada · Kanada Ost · Kanada West · Las Vegas · Los Angeles · New York San Francisco · USA · USA Neuengland/Long Island · USA Ost · USA Südstaaten · USA Südwest · USA West · Washington D.C. **Mittel- und Südamerika** Argentinien · Brasilien · Chile · Costa Rica · Dominikanische Republik · Jamaika · Karibik/Große Antillen · Karibik/Kleine Antillen · Kuba Mexiko · Peru/Bolivien · Venezuela · Yucatán **Afrika/Vorderer Orient** Ägypten · Djerba/Südtunesien · Dubai/Vereinigte Arabische Emirate · Israel · Jemen · Jerusalem · Jordanien · Kapstadt/Wine Lands/Garden-Route · Kenia · Marokko · Namibia · Qatar/Bahrain/Kuwait · Rotes Meer/Sinai Südafrika · Syrien · Tunesien **Asien** Bali/Lombok · Bangkok · China · Hongkong/Macau · Indien Japan · Ko Samui/Ko Phangan · Malaysia · Nepal · Peking · Philippinen · Phuket · Rajasthan · Shanghai · Singapur · Sri Lanka · Thailand · Tokio · Vietnam **Indischer Ozean/Pazifik** Australien · Malediven · Mauritius · Neuseeland · Seychellen · Südsee

Cityguides Berlin für Berliner · Frankfurt für Frankfurter · Hamburg für Hamburger · München für Münchner · Stuttgart für Stuttgarter **Sprachführer** Arabisch · Englisch · Französisch · Griechisch · Italienisch · Kroatisch · Niederländisch · Norwegisch · Polnisch · Portugiesisch · Russisch Schwedisch · Spanisch · Tschechisch · Türkisch · Ungarisch

Im Register sind alle in diesem Reiseführer erwähnten Orte, Strände und Ausflugsziele verzeichnet. Halbfette Seitenzahlen verweisen auf den Haupteintrag, kursive auf ein Foto.

Albisano 63
Altomincio Acquapark 101
Arco 23, 25, 27, 39, *88*, **91,** 95f., 99, 103
Assenza di Brenzone 97
Bagatta 57
Bagnolo di Serniga 85
Baia delle Sirene 54
Bardolino 9, 12, 23, 24, 25, **46ff.,** 99
Bogliaco 80, 81, 96, 97
Bonaventura Segala, Berghütte 30
Borghetto di Valeggio sul Mincio 57f.
Botanischer Garten Monte Baldo 54
Brenzone 10, **34,** 97
Calmasino 48, 50
Campi 40
Campione 30
Canale di Tenno 39f.
Caneva-World 100f.
Carzago di Calvagese della Riviera 96
Cascata del Varone **39,** 105
Cassone 35
Castelletto di Brenzone 24
Castello di Brenzone 34
Cavaion Veronese 101
Cisano 23, 25, *46,* 47, 49
Colà di Lazise 57
Colombare 72
Costabella 34
Costermano **54,** 55, 96
Crero 63
Desenzano 9, 12, 16, 23, *64,* 65, **66ff.,** 97, 101, 102, 103, 106
Eremo di Rocca 54
Eremo Santi Benigno e Caro 34f.
Fasse sul Lago 29
Friedenspfad 16
Funivia Monte Baldo *14,* 35

Garda 9, 45f., 50, **51ff.,** 96
Gardaland 17, 46, *100,* **101**
Gardone Riviera 7, 16, 25, 75, **76ff.,** 101, 105
Gargnano 7, 11, 12, 21, 23, 75, **80ff.,** 89, 97
Idrosee 90
Isola di Garda 54
Lago di Cavedine 92
Lago d'Idro 90
Lago di Ledro **39,** 100
Lago di Tenno 39f.
Lago di Toblino 92
Lago di Valvestino 89
Lazise 46, **55ff.,** 100f., 128
Ledrosee **39,** 100
Lido delle Bionde 73
Lido di Lonato 69
Lido di Padenghe 69
Lido di Ronchi 99
Limone 8, 15, 23, 24, **27ff.,** 96, 104, 105, 128
Linfano 41
Lodrone 90
Lonato 69
Maderno 12, 16, 60, **79f.,** 105
Magasa 89
Madonna di Montecastello *10,* 16
Malcesine 8, 12, 25, 27, **31ff.,** 96, 97, 102, 105, 128
Manerba del Garda 25, 86, **87**
Marciaga 53, 96
Marmitte dei Giganti 41
Marocche 91
Molina di Ledro 39, 100
Moniga del Garda 86
Monte Baldo 7, 8, 10, 12, 13, *14,* 16, 19, 20, 27, 32, 33, 34, **35, 54,** 95, 96, 97
Monte Brione 16, 27, **43**

Montecroce 68
Montecucco 78
Nago 41, **43,** 103
Navene 33
Novezza 97
Orto Botanico di Monte Baldo 54
Pacengo 99
Paradiso 96
Parco Alto Garda 15, 16, **99f.**
Parco Fontanella **83,** 99
Parco Giardino Sigurtà 58
Parco Natura Viva 101
Peschiera del Garda 23, **58,** 96, 103, 128
Pieve 30f.
Pieve Vecchia 86, 90
Pieve di Ledro 39
Pontesello 96
Porto di Brenzone 34
Porto Portese 87
Porto San Felice 86
Prabi 99
Prabione 100
Prada 34, 97
Punta Cornicello 50, **99**
Punta San Vigilio *44,* 54f.
Riovalli, Wasserpark 101
Riva del Garda 8, 10, 12, 23, 24, 25, 27, **35ff.,** 96, 97, 99, 102, 104, 105, 107
Rovereto **43,** 93, 103
Salionze sul Mincio 101
Salò 8, 10, 16, *18,* 21, 23, 25, *74,* 75, **83ff.,** 90, 97, 102
San Felice del Benaco 68, **87**
San Martino, Ausgrabungen 40
San Martino della Battaglia **69f.**
San Michele 78, **79**
Santi Benigno e Caro 34f.

126

REGISTER

San Vigilio, Punta 44, 54
San Zeno di Montagna 25, **55**
Seilbahn Monte Baldo 35
Sentiero della Pace 16
Sentiero del Salt 39
Sirmione 12, *13*, 23, 65, **70ff.**, 105, 128
Solferino 66, **69f.**
Spiaggia Comunale Desenzano 69
Spiaggia Comunale Santa Maria di Lugana 99
Spiaggia dei Pini 38
Spiaggia della Rocca 86
Spiaggia del Tifù 30
Spiaggia Grotte di Catullo 73
Spiaggia Parco Fontanella **83**, 99
Spiaggia Punta Cornicello 50, **99**
Spiaggia Rimbalzello 79
Spiaggia Sabbioni **38**, 99
Strada del Vino 11, 21, **50f.**
Tenno 39
Tennosee 39f.
Tignale **30**, 100
Torbole 6, 23, 25, 27, **40ff.**, 95, 97, 100, 102
Torri del Benaco 24, 25, 45, **60ff.**, 97, 105
Toscolano-Maderno 12, 16, 60, **79f.**, 105
Tremosine 16, 30f.
Trento 12, **92f.**, 103
Trient 12, **92f.**, 103
Unterwassermadonna 10, **97**
Val di Sogno 33, 34
Valle di Ledro 39
Valtenesi 68, 69, 86, 105
Varone-Wasserfall 39
Verona 8, 12, 25, **58ff.**, 103
Via delle Cartiere 79
Villa 80, 82, 83
Vittoriale degli Italiani **77**, 101, 105

Schreiben Sie uns!

Liebe Leserin, lieber Leser,

wir setzen alles daran, Ihnen möglichst aktuelle Informationen mit auf die Reise zu geben. Dennoch schleichen sich manchmal Fehler ein – trotz gründlicher Recherche unserer Autoren/innen. Sie haben sicherlich Verständnis, dass der Verlag dafür keine Haftung übernehmen kann. Wir freuen uns aber, wenn Sie uns schreiben.

Senden Sie Ihre Post an die Marco Polo Redaktion,
MAIRDUMONT, Postfach 31 51, 73751 Ostfildern,
info@marcopolo.de

Impressum

Titelbild: Hafen von Malcesine (O. Stadler)
Fotos: HB Verlag: Krewitt (U. l., 24, 96); J. Hellmuth (2 u., 5 u., 26, 94); B. Schaefer (14, 98); Schapowalow: Borstell (20), Kähler (22), Picker (52); Schuster: Braunschmid (64), Martin (18); O. Stadler (U. M., 1, 2 o., 4, 5 o., 6, 7, 9, 10, 28, 31, 36, 38, 46, 51, 61, 62, 71, 74, 76, 80, 81, 88, 113); T. Stankiewicz (33); K. Thiele (44); M. Thomas (U. r., 13, 17, 25, 40, 43, 55, 59, 65, 72, 73, 75, 90, 93, 100, 102)

5. (13.), aktualisierte Auflage 2006 © MAIRDUMONT, Ostfildern
Herausgeber: Ferdinand Ranft, Chefredakteurin: Marion Zorn
Redaktion: Nikolai Michaelis, Bildredakteurin: Gabriele Forst
Kartografie Reiseatlas: © MAIRDUMONT/Falk Verlag, Ostfildern
Vermarktung: MAIRDUMONT MEDIA, media@mairdumont.com
Gestaltung: red.sign, Stuttgart
Sprachführer: in Zusammenarbeit mit Ernst Klett Sprachen GmbH, Stuttgart, Redaktion PONS Wörterbücher
Das Werk einschließlich aller seiner Teile ist urheberrechtlich geschützt. Jede urheberrechtsrelevante Verwertung ist ohne Zustimmung des Verlages unzulässig und strafbar. Das gilt insbesondere für Vervielfältigungen, Übersetzungen, Nachahmungen, Mikroverfilmungen und die Einspeicherung und Verarbeitung in elektronischen Systemen.
Printed in Germany. Gedruckt auf 100% chlorfrei gebleichtem Papier

Bloß nicht!

Auch am Gardasee gibt es Touristenfallen und Dinge, die man besser meidet

Jeden Meter mit dem Auto fahren

Ein Abstecher nach Limone, ein Nachmittagsausflug nach Malcesine, zum Baden nach Sirmione – und immer wecken Sie Ihr Auto von seinem Nickerchen auf dem (meist kostenlosen!) Hotelparkplatz?! Fahren Sie doch mal mit dem Schiff! Sie stehen nicht im Stau und müssen keinen teuren Parkplatz suchen.

Im Spaghettitop Kirchen besichtigen

Grundsätzlich kleiden sich Italienerinnen und Italiener modischer, eleganter. Während Touristen in Shorts, Shirts und Schlappen durch Altstadtgassen schlurfen, trägt die modebewusste Italienerin auch in schwierigem Gelände (Kopfsteinpflaster!) hochhackige Schuhe. In Badeshorts am Caféhaustisch Platz nehmen zu wollen ist ein Fauxpas. Noch schlimmer: indezent gekleidete Damen (oder Herren!), die Kirchen besichtigen. Legen Sie sich eine Bluse um die Schultern!

Immer und überall auf Deutsch bestellen

Sicher, fast jeder Kellner am Gardasee wird Sie verstehen, wenn Sie ihm »Ein Bier« entgegenbellen. Aber wie wäre es, wenn Sie eine Hand voll Wörter Italienisch lernen? Mit einem »Scusi« – Entschuldigung – die Aufmerksamkeit des Obers erregen zu wollen dürfte ziemlich sicher von Erfolg gekrönt sein.

Samstagnachmittags von Lazise nach Peschiera

Die Straße führt an den größten Vergnügungsparks entlang, und wenn aus diesen die Massen herausströmen und in ihre Autos steigen, sind alle Straßen hoffnungslos verstopft. Ebenso gilt: Wenn Sie so einen Park besuchen wollen, dann bloß nicht am Wochenende. Sie werden nur durchgeschoben, vor allem im August.

Ferragosto am Lago

Wenn es sich irgendwie vermeiden lässt, fahren Sie nicht um den 15. August herum an den Gardasee! Dann hat ganz Italien Ferien, der Verkehr rund um den See kommt praktisch zum Erliegen. Und an den Stränden am Seeufer geht es mindestens genau so gedrängt zu.

Fälschungen kaufen

Vorsicht vor gefälschter Markenkleidung und -taschen: Auf den Handel – also auch den Kauf! – werden hohe Geldbußen verhängt, auch bei ausländischen Touristen! Beinahe über Nacht sind auf den Wochenmärkten die Stände mit den imitierten Designertaschen und -klamotten verschwunden …